Saint Antoine de Padoue

ET

Son Pèlerinage aux Grottes de Brive

(DIOCÈSE DE TULLE)

PAR

FRANÇOIS BONNELYE

Curé de Saint Sernin de Brive

Chanoine Honoraire de Tulle.

OUVRAGE

Approuvé par MONSEIGNEUR L'ÉVÊQUE DE TULLE

Et par le T. R. P. Provincial des Franciscains de l'Observance.

Édition revue et augmentée.

Prix : 2 fr. 50.

Par la poste, 2 fr. 75.

EN VENTE A BRIVE, chez
- M. Léon Lalande.
- Madame de Nussac.
- Trieux, rue Puy-Blanc.

— A TULLE, chez
- M. Bouillaguet.
- Mlle Puivarges, à la porte de la cathédrale

Chez l'auteur à Brive.

Brive, Imp. VERLHAC, rues de Carbonnières et de Verlhac.

Octobre 1876.

[illegible]

[illegible]

[illegible]

[illegible]

[illegible]

©.

[illegible]
[illegible]

[illegible]

[illegible]

[illegible]

[illegible]

[illegible]

Déclaration de l'Auteur.

Pour me conformer aux Décrets du Pape Urbain VIII, je soumets ce Livre au jugement du Saint Siège Apostolique. Je déclare et je proteste que tous les faits qui y sont relatés n'ont qu'une autorité purement humaine, à l'exception, toutefois, de ceux qui auraient reçu la sanction formelle de l'Eglise Catholique, dont je veux être et rester toujours le fils très-humble et très-soumis.

A Sa Grandeur

Monseigneur Berteaud, Évêque de Tulle.

Monseigneur,

Votre Grandeur daignait visiter naguère le sanctuaire de Saint Antoine, et, comme le grand Thaumaturge, Elle y était entourée d'une foule immense de pieux fidèles ; comme ce chantre superbe, dont l'*Enfant Jésus*, *de son doigt gracieux et éloquent, avait touché la lèvre, et lui faisait prononcer des syllabes d'or*, Vous faisiez tressaillir votre peuple, aux accents des glorieuses prérogatives que l'Incarnation nous a méritées. Vous chantiez le *Christ* et son serviteur *Antoine*, mieux que nul autre ; et une parole prophétique tombait de Votre lèvre inspirée : « *Eh bien*, disiez Vous, moi, *je veux l'appeler Antoine de Limoges. Antoine de Brive !* »

Pourquoi pas, Monseigneur ? Est-ce que ce grand serviteur de Dieu n'a pas laissé dans notre Limousin des souvenirs ineffaçables ? Est-ce qu'*Il* n'y a pas opéré des merveilles de puissance surnaturelle, aussi étonnantes que partout ailleurs ?

Voilà pourquoi j'ai recueilli Votre parole, Monseigneur, je l'ai méditée, et je me suis permis de la commenter ; ce travail, je prends la liberté de le dédier à Votre Grandeur.

Il Vous appartient à bien des titres : d'abord, Vous en êtes l'inspirateur ! mais ma lèvre n'a pas été touchée du doigt de *Jésus*, et je serai un commentateur bien faible et peu digne du Grand Evêque dont l'étonnante érudition, peut faire dire de *Lui*, comme d'Antoine, qu'il est aussi un autre « *Arca Testamenti.* »

Ensuite, qui donc, Monseigneur, a, plus que Votre Grandeur, encouragé mes efforts à faire reprendre son ancienne splendeur, à l'heureuse colline de Saint Antoine de Brive, dont j'essaie de faire revivre le passé ?

Ce travail est à Vous encore, Monseigneur, parce que nous devons à Votre puissante intervention auprès de l'immortel Pie IX, le prompt succès des démarches, qui ont si vite calmé les légitimes impatiences de notre aimé sanctuaire, et accru la dévotion à Saint Antoine.

Enfin, il est à Vous, parce qu'auprès de Votre Grandeur nous avons appris la reconnaissance ; or, Vous savez, Monseigneur, que j'avais contracté une dette envers Saint Antoine, j'ai eu hâte de n'être pas ingrat.

Daignez donc, Monseigneur, me permettre de demander pour ce livre et pour moi une abondante bénédiction ;

fier de cette haute faveur, le livre ira de par le monde,
sera bien accueilli, et pourra faire un peu de bien ; pour
moi, Monseigneur, j'aurai un motif de plus de me dire
avec le respect le plus filial,

De Votre Grandeur,

le très-humble et très-obéissant serviteur

et fils dans le sacerdoce,

François BONNELYE,

Chanoine honoraire de Tulle, Curé de St-Sernin de Brive.

Brive, Annonciation de la T.-S.-Vierge, 25 mars 1876.

MON TRÈS-CHER CURÉ,

Je vous écris ces lignes le jour de la Fête du Grand
Saint Antoine de Padoue. Vous le chantez mélodieusement, ce Saint magnifique. Vous avez su recueillir
d'une main intelligente ses gloires éparses. Vous
mettez en lumière avec bonheur toutes celles dont
il a orné mon bien aimé diocèse. C'était sur le
sol de votre paroisse qu'il resplendissait surtout.
Je vous félicite et vous remercie, mon bien
cher Curé. Avant ce labeur de pieux érudit,
vous aviez mis vaillamment votre cœur et
votre main à la restauration du sanctuaire
illustre, vous aviez appelé d'une voix
ardente les fils de Saint Antoine; ils sont
accourus. Les voici venus, ils disent
Jésus sur la colline glorieuse, ils
Le diront dans tout le diocèse.
Soyez heureux et fier.

† J.-B.-P. LÉONARD,

Evêque de Tulle.

Bordeaux, 19 mai 1876.

Monsieur le Curé,

Laissez-moi vous dire avec quel intérêt j'ai lu votre *Histoire
de Saint Antoine de Padoue et de son pèlerinage à Brive.*
Laissez-moi vous remercier aussi de ce travail. Il vous appartenait, monsieur le Curé, après avoir été le Restaurateur de
son sanctuaire, de vous faire l'historien de notre chér
Thaumaturge et des grottes bénies qui redisent et perpétuent,
depuis plus de six siècles, ses miracles et sa puissance d'intercession.

On sent, à la lecture de ces pages, que vous êtes plein de
votre sujet, et que votre plume a couru sous la dictée de votre
cœur. Je vous félicite des heureux efforts que vous avez faits
pour localiser certains événements merveilleux relatifs à notre
Saint. Je souhaite que de nouvelles recherches vous conduisent à l'évidence de la certitude historique.

Je vous félicite encore de vous être attaché à l'histoire

spéciale des célèbres grottes de Saint Antoine à Brive. Par cette étude locale, vous donnez à votre Histoire un caractère particulier qui la distingue de toutes ses devancières.

Votre livre sera désormais le guide du pieux pèlerin aux grottes de Saint Antoine et contribuera puissamment à glorifier un Saint des plus populaires et des plus aimés.

Agréez, monsieur le Curé, la nouvelle expression de mon affectueux attachement en N. S.

Fr. RAPHAEL.

Min. prov.

INTRODUCTION

Voulez-vous savoir, cher lecteur, pourquoi nous avons écrit cette nouvelle vie de Saint Antoine de Padoue que nous vous offrons aujourd'hui ? En voici tout simplement et très-franchement la raison :

Nous venions d'arracher aux profanations les ruines d'un modeste sanctuaire, par une concession bienveillante de Monseigneur l'Evêque de Tulle, il allait être rendu au culte, lorsque nous nous trouvâmes soudainement en face d'une douloureuse épreuve : dans notre angoisse, nous eûmes immédiatement recours au puissant crédit de notre bon Saint Antoine. Il y a dans la vie des illuminations instantanées mais passagères ; nous pensons que presque toujours elles sont une lumière d'en haut, un éclair de la grâce : heureux alors qui a des yeux pour voir !

Nous disions avec toute notre foi sacerdotale le fameux répons de Saint Bonaventure, *Si quæris miracula*, lorsque nous nous sentîmes poussé par un sentiment irrésistible, à faire avec le grand Thaumaturge comme une sorte de contrat. Nous lui dîmes très-naïvement : *donnez-moi ceci, je vous donnerai cela* : si vous m'accordez la faveur que je vous demande, je vous promets de travailler de toute mon énergie, et dans la mesure de mes ressources, à étendre votre culte, et à vous faire connaître.

Ce que fit Saint Antoine, nous le savons ! Avons-nous tenu notre engagement ? Nous avons fait ce que nous avons pu, et notre travail n'est autre chose que l'accomplissement de notre promesse. Il nous plaisait d'être reconnaissant, et c'était justice ; nous l'avons essayé.

Nous nous mîmes à l'œuvre avec un grand amour pour notre Saint, et un profond sentiment de reconnaissance ; chacun agit à sa façon, et s'exprime de même. Nous sommes convaincu que le simple maçon au cœur droit, a, devant Dieu, autant de mérite que l'artiste habile dont le ciseau ou le pinceau créent des merveilles que nous admirons ; et le chant du poète n'est pas plus agréable à Dieu, que le *Mon Dieu je vous aime !* d'une bonne chrétienne.

Mais pourquoi écrire une vie de Saint Antoine ? Il y en a déjà tant ; c'est très vrai, mais aussi bien ne l'aurions-nous pas écrite, s'il n'y en avait eu d'autres pour nous servir de guides ; quant à la partie historique du couvent, notre bonne volonté aura ouvert une route que d'autres, plus habiles que nous, ou plus riches de documents, perfectionneront.

Saint Antoine est très-populaire partout, et très-aimé dans notre province ; mais est-il bien connu, au point de vue local surtout ? Sait-on toutes les merveilles accomplies par lui à Brive et en Limousin ? Eh bien ! c'est ce qu'il a fait ici, c'est ce qu'on a fait après Lui et à cause de Lui, que nous avons essayé de colliger, de coordonner.

Nous avons lu beaucoup, écouté beaucoup, cherché et fouillé pas mal, et c'est le résultat de nos veilles et de nos méditations, que nous offrons sous ce titre : *Essai historique du Sanctuaire de Saint Antoine de Padoue, à Brive.*

Nous avons dépassé notre but, nous l'avouons ; dire la vie et les merveilles d'Antoine en Limousin, voilà tout ce que nous nous étions proposé ; mais l'attrait a été irrésistible, et nous avons suivi pas à pas le Saint dans toute sa vie, quoique cependant, d'une manière sommaire.

Nous sommes bien incomplet, nous en sommes convaincu ; aussi nous supplions les personnes qui sauraient ou qui trouveraient quelque trait, quelque document concernant Saint Antoine, de vouloir bien nous les faire parvenir ; nous pourrions alors combler des lacunes inévitables dans le récit d'événements qui ont eu lieu, il y a près de sept cents ans.

Les plus anciens auteurs, qui se sont occupés de notre Thaumaturge, défigurent le nom de Brive : les Bollandistes l'appellent *Birna*, le traducteur de Marc de Lisbonne, la nomme *Berne*; volontiers et sans trop de contrôle d'aucuns attribuent à d'autres localités des faits qui se sont passés chez nous. Notre Saint est trop glorieux, sa physionomie, qui se montre de pair avec les François d'Assise et les Dominique, est trop intéressante, pour que nous ne revendiquions pas, et nous ne fassions pas nôtre, tout ce qu'il a opéré dans le Limousin.

Du reste, nous avons presque toujours suivi avec M. l'abbé Guyard, la chronologie d'Azzoguidi qui a contrôlé les récits de Wading, l'annaliste autorisé de l'Ordre Franciscain, sinon pour les dates et les lieux (à notre humble avis il se trompe quelquefois), du moins pour les faits toujours authentiques.

Nous avons évité les digressions; ces sortes d'écarts tant savants et intéressants qu'ils soient en eux-mêmes, deviennent insipides et dégoûtent de la lecture d'une vie, dont ils font perdre le cours. Toutefois, dans l'*Essai historique*, nous nous sommes donné plus de liberté, et il le fallait bien ; un couvent a trop de rapports avec la ville dans laquelle il se trouve, pour que, de çi et de là, il n'y ait pas à consigner des faits, qui directement ou indirectement ont trait à son histoire.

Enfin, nous le répétons, nous avons voulu faire un acte de piété et de reconnaissance. Saint Antoine nous bénira, puisque, accueilli par Lui à notre entrée dans les ruines de son Sanctuaire, avec une faveur particulière, nous en sommes sortis consolés encore par une nouvelle manifestation de sa bonté et de sa puissance.

Et maintenant, va, cher petit Livre ; sous les auspices du Saint dont tu parles, bon accueil te sera fait, je l'espère, et nos compatriotes aimeront la page d'histoire locale que tu leur présenteras ; dis partout que là-bas au seuil de la ville de Brive, au Diocèse de Tulle, il y a des grottes célèbres que le grand Thaumaturge du treizième siècle a aimées, qu'il a habitées ; dis qu'il y a un sanctuaire, *unique rendez-vous* en France, des Pèlerinages en l'honneur de Saint Antoine, et Brive deviendra comme une autre Padoue !

Brive, ce 13 juin, Fête de Saint Antoine de Padoue.

[illegible]

CHAPITRE PREMIER.

—

Naissance et première enfance de Dom Ferdinand.

Éducation et instruction par les Chanoines de Saint Augustin.

Le Thaumaturge de 12 ans. — Combat et victoire.

—

En l'an de grâce 1195, vers la fin de janvier, selon beaucoup d'auteurs, ou dans la nuit du 14 au 15 août, selon d'autres auteurs appuyés sur une très-vénérable tradition, naissait à Lisbonne, en Portugal, un enfant que le Ciel destinait à opérer de grandes merveilles. C'était dans le palais de Martin Bullonez, ou Martin de Bouillon (1).

____

(1) Ce palais fut plus tard converti en une église magnifique dédiée à notre Saint.

Dona Tereza de Tevera, sa noble et pieuse mère, n'eût qu'une préoccupation ; ce fut de faire présenter aux fonts baptismaux pour qu'il y reçût la vie divine, l'enfatn auquel elle venait de donner la vie humaine et temporelle (1).

Le palais qui vit naître cet enfant de bénédiction était contigu à la cathédrale, dédiée à l'Auguste Mère de Dieu, dont l'église célébrait ce jour-là la glorieuse Assomption ; c'est là qu'il fut purifié par les eaux saintes du baptême, et reçut le nom de Hernandez ou Ferdinand.

Rendu à sa mère, Dona Tereza le couvrit de ses plus maternelles tendresses.

La joie et le bonheur étaient grands dans cette famille opulente. Sans doute déjà, les amis et les flatteurs félicitaient Martin de Bouillon, issu de la grande famille de Godefroi de Bouillon, l'illustre chef français de la première Croisade, de l'héritier que la divine Providence donnait à sa race glorieuse, et à celle de sa mère, qui descendait d'un ancien roi des Asturies.

Ils le voyaient déjà grand capitaine, marchant sur les traces de son père, ou élevé aux plus hautes fonctions

---

(1) Ces fonts baptismaux existent encore ; ils sont conservés comme une précieuse relique. On montre aujourd'hui, revêtue d'une doublure en bois, la porte par laquelle Ferdinand y pénétra ; on ne l'ouvre qu'une fois par an, le jour de la Fête de Saint Antoine, 13 juin.

du royaume, par la confiance de Sancho Ier, roi du Portugal, auprès duquel Martin de Bouillon était en grande faveur.

C'était là le plan et les vues des hommes, mais dans un secret impénétrable, Dieu destinait Ferdinand à des gloires et plus brillantes et plus durables ; il devait non-seulement illustrer sa maison et sa patrie, mais encore ceindre la couronne inaltérable de la sainteté.

L'enfance de Ferdinand fut ce qu'elle devait être auprès d'une mère aussi chrétienne que *Dona Tereza* ; fortement pénétrée de ses devoirs de mère, animée d'un grand amour pour Dieu, et pour la T. S. Vierge, elle s'appliqua à graver dans le jeune cœur de son cher Ferdinand ses sentiments de religion et de vertu ; ces semences précieuses reçues avec les caresses d'une mère chrétienne, sont impérissables, et produisent tôt ou tard leurs fruits de salut.

Dona Tereza, en berçant sur ses genoux son cher enfant, aimait à lui dire et à lui redire encore les aimables noms de Jésus et de Marie ; plus tard, dès qu'il put balbutier quelques mots, elle lui apprit la douce Salutation Angélique. Oh ! comme elle le pressa tendrement sur son cœur, le jour où enfin, sur ses petites lèvres déliées, passa comme sur les cordes d'une lyre céleste, le chant des strophes si suaves de l'hymne *O gloriosa domina*, qu'elle lui avait chantée si souvent !

Ce fut sans doute la raison de son attrait particulier pour cette hymne ; dans le cours de sa vie , il la redit sans cesse ; c'est le chant de sa joie , c'est le cri de sa peine ; dans ses courses apostoliques, dans ses tentations il la dira encore ; aussi la T. S. Vierge lui donna-t-elle souvent , une fois surtout, comme nous le verrons plus loin , le témoignage le moins équivoque de sa satisfaction à lui entendre répéter ces paroles ; elles furent l'hymne de son cœur, puisqu'elles lui rappelaient et sa mère de la terre et sa mère du Ciel ; elles seront le dernier chant qui passera sur ses lèvres mourantes.

Du reste, ces enseignements ne tombaient point sur une terre ingrate ; le tout petit Ferdinand reportait aisément son esprit vers les lieux où il avait été initié à la vie de la grâce , et on raconte que lorsqu'il pleurait , sa pieuse mère ne pouvait arrêter ses gémissements , et le consoler , qu'en le présentant à une fenêtre du palais, d'où l'on voyait tout près, l'église dans laquelle il avait été baptisé ; alors ses larmes s'arrêtaient , ses deux petits bras s'étendaient en s'agitant vers l'église , et le sourire s'épanouissait sur sa figure.

Ses premiers pas le portèrent à Notre-Dame, et plus tard, il reprenait chaque jour le chemin de l'Autel, devant lequel il se prosternait, et où Dieu remplissait son âme de grâces et de lumières.

Cependant Ferdinand avait atteint l'âge où les soins de

la mère ne suffisent plus à l'enfant ; il devait recevoir une instruction en rapport avec la haute position que *Martin* de *Bouillon*, son père, occupait dans la ville de Lisbonne ; or il y avait à la cathédrale un collège tenu par des Chanoines ; c'est là que se rendaient tous les jeunes gens de la ville et de la contrée, auxquels leurs parents voulaient faire donner une instruction plus étendue et toujours chrétienne ; c'est aussi à ces Chanoines, que *Martin* de *Bouillon* et *Tereza* de *Tevera* confièrent leur enfant ; il avait alors environ dix ans.

Ces parents chrétiens n'eurent pas à se repentir de leur choix ; dans cet asile, et sous la direction de maîtres capables, le jeune Ferdinand, admirablement doué par la divine Providence, fit de rapides progrès dans les sciences qu'il était venu y apprendre ; sa piété angélique, sa modestie rare, vu la condition élevée de sa famille, la primauté sur ses condisciples, que lui valait son intelligence supérieure, provoquèrent de leur part, comme une respectueuse admiration envers lui ; du reste son amabilité et sa franchise lui gagnèrent leur plus vive affection.

A mesure que l'intelligence de notre jeune élève s'enrichissait des sciences profanes, son cœur se fortifiait dans les pratiques de la piété. Ses maîtres émerveillés des aptitudes et des progrès de leur disciple, ne manquaient pas de favoriser son attrait pour la vertu ; on raconte, en effet, que Ferdinand se rendait souvent à la chapelle, où il aimait à servir aux offices, comme enfant de chœur ; souvent encore, il interrompait son sommeil, et assistait à l'office de nuit des chanoines ; c'était déjà un petit saint ! Ses parents étaient heureux et fiers de leur jeune Ferdinand. Hélas ! quelle différence avec les parents d'aujourd'hui ! Comme si la parole de Saint-Paul « *la piété est utile à tout* » n'était plus vraie, ils craignent toujours que leurs enfants ne soient trop pieux : *Ah ! s'ils allaient devenir des Saints* !

Le ciel de son côté, encourageait Ferdinand à persévérer dans sa voie ; et un historien de notre bienheureux raconte un prodige, dont Dieu récompensa, dans ces lieux, sa foi déjà si grande ; il en fit un Thaumaturge ; un jour, en effet, que Ferdinand priait dans la cathédrale, le démon lui apparut sous une forme épouvantable, cherchant à l'intimider et à le détourner de ses habitudes pieuses. Le jeune étudiant, sans s'effrayer, s'incline, et décore, avec son doigt, du signe de la croix, le marbre sur lequel il était à genoux : le démon disparut aussitôt, mais, le signe de croix resta gravé sur la pierre, qui devint depuis l'objet de la vénération commune. « *Moi-* » *même*, dit cet historien, *j'ai vu ce marbre, et je l'ai* » *baisé bien des fois avec respect.* »

Il existe encore, ce marbre, comme le témoignage vivant de la victoire d'une grande foi, et la marque inusable du premier miracle opéré par un jeune chrétien auquel le bon Dieu, plus tard, semblera avoir confié sa toute puissance sur la nature, tant le miracle lui deviendra en quelque sorte facile et familier.

Cependant [Ferdinand touchait à ses quinze ans ; pendant cinq ans, il avait vécu à l'ombre du sanctuaire ; mais la pensée de son avenir le préoccupait, et bien des fois prosterné devant l'autel, il suppliait le Seigneur de lui faire connaître sa volonté.

D'un autre côté, ses parents si chrétiens, témoins des merveilles que la piété opérait dans cet enfant, objet de leur plus vive et légitime tendresse, s'accoutumaient peu à peu à faire des concessions à son attrait ; de jour en jour, Martin de Bouillon, s'attendait à un sacrifice, et se préparait à voir s'évanouir les espérances humaines qu'il avait fondées sur ce fils béni et si cher : toutefois, malgré ses répugnances naturelles, il se gardait bien de vouloir le disputer à Dieu, s'il le lui réclamait ; sans doute , homme très considéré dans le monde, par ses ancêtres, sa fortune et son rang , ayant un fils orné de tout ce qui peut plaire : talents, race illustre, bonnes grâces , amabilité, esprit, il pouvait avoir le désir légitime de le conserver dans le monde ; c'était l'héritier né de sa fortune et de sa brillante position ; mais devant l'attrait si manifeste de Ferdinand pour les choses surnaturelles , il avait des préoccupations sérieuses ; il se préparait au sacrifice, en faisant les observations les plus graves à ce cher fils, dont il ne voulait pas toutefois, contrarier les goûts.

Ferdinand écoutait avec respect les observations de son père, et les méditait devant Dieu, car le moment solennel était venu, et il fallait prendre un parti.

A cet âge, l'âme s'entrouvre, en quelque sorte, comme une fleur devant un rayon de soleil. Quinze ans ! n'était-ce pas alors comme aujourd'hui, le printemps de la vie ! une immense fortune, un avenir riche de séductions, des plaisirs faciles, le succès plus facile encore, au milieu des fêtes enchanteresses auxquelles le conviait un monde choisi, voilà d'un côté, la part qui s'étalait aux regards de notre jeune adolescent.

D'un autre côté, se rappelant, soit le vœu de virginité qu'il avait fait, d'après plusieurs auteurs, dans son enfance, soit les paroles si énergiques du Sauveur « *que sert à l'homme de gagner l'univers, s'il vient à perdre son âme !* » Ferdinand balançait dans son cœur, heureusement éclairé des plus vives lumières de la foi, le pour et le contre de cette alternative : *ou Dieu ou le monde.*

Dans cette lutte que se livraient l'esprit de Dieu et l'esprit du monde, et dont le champ de bataille était le cœur de Ferdinand, celui-ci priait avec plus de ferveur, et suppliait le Seigneur de lui faire connaître la voie dans laquelle il l'attendait; il nourrissait sa prière de la mortification, comme préparation à la vie religieuse; enfin la lumière se fit, dès lors, son choix fut fixé, il prit le parti le plus sûr; pour n'être pas obligé de combattre le monde, tous les jours, il résolut de fuir le monde.

Ses parents cédèrent à ses instances, il leur dit *Adieu*, et courant à la solitude, il dit au Seigneur : *Ecce adsum*, me voici, ô mon Dieu ! parlez ! Les vœux de Ferdinand étaient accomplis; Martin de Bouillon et Tereza de Tevera, les larmes aux yeux, immolèrent à Dieu, sur l'autel de leur âme, ce cher Isaac !

CHAPITRE DEUXIÈME

—

—

Dans un des faubourgs de Lisbonne, il y avait un couvent de chanoines réguliers de Saint Augustin, dit de Saint Vincent ; il relevait du couvent de Sainte-Croix, établi à Coïmbre ; ces religieux jouissaient d'une grande réputation de science et de sainteté ; ce fut vers cette solitude que dirigea ses pas notre jeune aspirant à la vie religieuse. [1]

Le vénérable *Dom Gonzalès Mendez*, supérieur de cette sainte maison, le reçut avec complaisance, mais en l'avertissant que la pauvreté du couvent était grande, les incommodités de tous les moments, et la discipline très sévère. Il lui fit observer que le relachement y était inconnu, et que toute infraction au réglement était impitoyablement punie sans acception des personnes. Du reste, il devait s'attendre à jeûner fréquemment, et à psalmodier les divins offices, le jour et la nuit.

Ferdinand dut sourire à ces avertissements si sévères, tout paternels qu'ils étaient! il dût répondre avec le psalmiste : O mon Père, c'est ici ma demeure, j'y habiterai parce que je l'ai choisie avec l'aide de Dieu, conduit dans cette maison par son esprit, j'espère bien avec le secours de sa grâce, être un disciple soumis et fervent.

Dès ce moment, tout à Dieu, il s'applique avec une attention et une énergie extraordinaires à son âge, à la vie nouvelle qu'il vient d'embrasser ; il entre résolument dans la voie de la perfection évangélique, et s'attache à l'accomplissement exact des moindres devoirs de son nouvel état.

---

[1] Août 1210.

La prière et l'étude sont comme deux ailes qui lui font parcourir avec une rapidité merveilleuse, les sentiers pénibles des épreuves préparatoires à la vie religieuse; c'était le temps du noviciat: il était si édifiant, qu'il devint bientôt pour tous ses frères, un modèle d'exactitude et de piété.

Mais l'heure était venue de rompre complètement avec le monde et avec lui-même, par un engagement solennel; appelé à faire sa profession religieuse, ce fut avec les sentiments de la ferveur la plus profonde, et du renoncement le plus absolu, qu'il fit ses vœux. Il s'estima mille fois plus heureux sous les chaînes volontaires et glorieuses qu'il venait de s'imposer, que dans le palais de son père avec l'indépendance qu'il y avait laissée; il goûtait dans le fond de son âme, la vérité des paroles du psalmiste : *funes ceciderunt mihi in prœclaris*! oh douce et glorieuse servitude d'une âme toute à son Dieu !

Toutefois sa sagesse précoce, sa rare prudence, les lumières qu'il avait acquises dans l'étude commençaient à répandre un vif éclat dans la ville de Lisbonne; il se troubla, car le monde venait le fatiguer dans sa chère solitude; les visites fréquentes qui, sous un prétexte ou sous un autre lui étaient faites, lui devinrent à charge. Il avait voulu quitter le monde, et chercher une retraite dans laquelle il ne trouverait que *Dieu seul* pour occuper son esprit, *Dieu seul* pour embraser son cœur, et où

Dieu seul, serait le témoin de ses actions, mais le monde, par ses importunités, troublait son recueillement ; alors, poussé par la grâce, il va trouver son supérieur *Dom Gonzalès Mendez*, lui ouvre son âme, lui expose ses ennuis et ses peines, et le supplie de lui permettre de s'éloigner de sa ville natale, en le laissant se rendre à Coïmbre, au couvent de Sainte-Croix.

Le vénérable prieur fut d'abord surpris et affligé de cette demande ; il ne pouvait se décider à autoriser un religieux aussi parfait, à quitter son couvent dont il était l'ornement et la gloire ; mais sur les instances pressantes et réitérées du jeune religieux, le Supérieur se résigna à accorder la permission tant désirée.

Ferdinand au comble de la joie, s'éloigna courageusement de la ville de Lisbonne, sans prévenir ni ses parents, ni ses amis ; il s'achemina vers Coïmbre, où il fut reçu à bras ouverts par les moines de Sainte-Croix, heureux et fiers du nouveau frère que la Providence leur envoyait, et dont la réputation était déjà parvenue jusqu'à eux.

Ils ne tardèrent pas à s'apercevoir qu'ils avaient acquis un vrai trésor : sa fidélité à la règle, sa charité s'épanchant en bienveillance et en amabilité, son humilité qui le faisait s'estimer et se regarder comme le dernier de ses frères, alors que ses immenses connaissances le plaçaient au premier rang dans la maison, lui attirèrent, dès les premiers jours, l'estime et l'affection de tous les membres de sa nouvelle famille. Tant est grande l'influence de la vertu !

Débarrassé désormais de toutes les importunités qui le fatiguaient à Lisbonne, Ferdinand placé enfin dans cette douce solitude qui lui procurait sans distraction, l'union pleine avec son Dieu, s'abandonnait aux douceurs de cette union ; son âme se délectait dans sa sérénité inéffable devant les autels du Seigneur, qui là comme à Saint Vincent à Lisbonne, ouvrait sur lui les munificences de sa miséricordieuse toute puissance. Déjà l'on pouvait prévoir pour ce jeune religieux, s'il restait fidèle à la grâce, une vie de merveilles : c'est ainsi qu'un jour il guérit un de ses frères malade, en le couvrant de son manteau.

Une autre fois, il était employé, selon son désir à une action très commune ; tout-à-coup, il entend le son de la cloche qui annonçait l'élévation à la messe ; il se prosterne aussitôt, et par un prodige éclatant les murs de la chapelle s'entrouvrent ; la Sainte Hostie apparait à ses regards, entre les mains du prêtre, il la contemple et l'adore dans un saint ravissement.

Notre saint religieux ne s'appliquait pas seulement à la pratique des exercices de piété, et de la mortification la plus sévère, il savait en homme du devoir, s'adonner à l'étude ; pour cela il disposait si bien de tout son temps, que pas un instant n'était perdu pour lui : il travailla avec ardeur à élargir le cercle de ses connaissances. Au monastère de Saint Vincent, il s'était adonné à l'étude de la philosophie et de la théologie ; à Coïmbre, il approfondit davantage ces deux sciences, et, sous la conduite de maîtres distingués, il vécut avec les grands Théologiens, fouilla les Pères de l'Eglise, et enrichit son intelligence des pages inspirées de la Sainte Ecriture.

Bientôt, sa maturité, sa prudence, non moins que sa grande piété et son rare savoir, le firent appeler, des ordres mineurs, au sous-diaconat et au diaconat, et enfin au sacerdoce : c'était vers la fin de l'année 1218, il était dans sa 24.me année. (1)

Il y avait déjà plus de huit ans que le jeune chanoine avait quitté le monde ; ce temps employé par lui à la perfection de son âme et aux études sacrées, était enfin couronné par l'auréole glorieuse du sacerdoce.

Désormais il n'étudiera plus que dans un livre, mais un livre étincelant, la Croix ! Du haut du Crucifix, Jésus lui communique des trésors de science et de sainteté qu'il ignore encore ! A genoux devant l'image du Sauveur du Monde, le savant chanoine, méditant les passages de

---

(1) Nous préférons ce sentiment à celui de Wading et des Bollandistes qui s'appuient sur l'autorité d'un seul auteur, Albert de Bologne ; le nôtre partagé par la plupart des historiens du bienheureux, est fondé sur les autorités les plus anciennes et les plus respectables.

la Bible et des saints Pères que lui rappelle sa vaste
mémoire, acquiert bien au-delà de ce qu'il avait appris
avec les maîtres de la science ; aussi n'est-on pas étonné
de lire dans les archives du couvent de Sainte-Croix, ces
belles paroles écrites de lui, deux ans après qu'il eût
quitté cette maison : « *C'était un homme extraordinaire,*
» *docte et pieux, orné d'une belle littérature , et en qui*
» *resplendissait la gloire de toute sorte de mérites.* »

Ce fut à cette époque, sans doute, que selon les chroniques du monastère d'Assise, il fut favorisé d'une vision
céleste.

Un jour, pendant qu'il célébrait une messe solennelle
dans son couvent, il aperçut l'âme d'un religieux Franciscain [1] qui montait au Ciel au milieu d'une éblouis-
sante lumière.

Ce fait étrange , et sans relation avec le genre de vie
de Ferdinand, n'est-il pas le premier appel de Dieu à une
vie nouvelle ? rapproché de l'impression profonde que
produisit sur son âme, la translation, dans l'église de
Coïmbre, des corps de cinq Franciscains martyrisés au
Maroc, n'est-il pas la clef du mystère par lequel Dieu va,
dans un Ordre né d'hier, et sous un nom nouveau, l'appeler à opérer des merveilles de salut, et à s'entourer

----

(1) Ce Franciscain appartenait à un couvent voisin de Coïmbre , et
nommé Hospice de Saint Antoine Olivarèz ; dans la suite nous parlerons
de ce couvent.

d'un éclat immense dans le monde ? Qui dira les inénarrables voies du plan de Dieu !

Quoiqu'il en soit, Ferdinand partageait son temps entre les exercices religieux et l'étude ; c'est alors , selon le sentiment commun , qu'il conçut le plan de son ouvrage intitulé : *Concordantiœ morales sacrorum bibliorum, distinctœ per quinque libros ;* Concordances morales de la Bible, en cinq livres.

Déjà, depuis près de neuf ans, il édifiait les Chanoines de Sainte-Croix par sa piété , lorsqu'eût lieu un événement qui changea sa destinée, en lui révélant une vocation à laquelle il n'avait pas songé jusqu'alors ; nous aimons à le redire , Dieu a des moyens pour amener à lui , et souvent de bien loin , les hommes qu'il se choisit, et les faire entrer enfin dans la voie où il les veut, pour l'accomplissement de ses volontés , et l'épanouissement de son infinie miséricorde.

Un jour, dans tout le Portugal , et surtout à Coïmbre, une émotion extraordinaire s'empara de toutes les âmes ; le bruit s'était répandu que Dom Pedro , infant du Portugal et frère d'Alphonse II , roi régnant , revenait du Maroc où il s'était retiré auprès de Yousouf II , Emir de ce pays, à cause de quelques différends avec son frère : ce prince rapportait, en revenant, les corps de cinq Frères Mineurs qui venaient d'y être martyrisés , le 6 janvier 1220, selon certains auteurs, le 16, selon d'autres.

Ce fut une grande nouvelle pour le Portugal, et en particulier pour la ville de Coïmbre qui devait recueillir ces nobles dépouilles ; la population fit de grands préparatifs pour recevoir avec le plus de splendeur possible, le trésor précieux qui lui était annoncé.

Quand le jour fut venu, où les deux châsses d'argent qui renfermaient les Saintes Reliques, durent faire leur entrée solennelle dans la ville, Dom Mathœo évêque de Coïmbre, se rendit avec tout son clergé et les religieux au-devant du cortège qui précédait les glorieuses dépouilles ; le Roi Alphonse, la Reine et toute la noblesse de la cour avaient quitté Lisbonne, et se faisaient un honneur d'aller à pied à côté des Reliques vénérables ; ils se dirigeaient au milieu d'une foule immense vers la cathédrale où l'on avait l'intention de déposer les corps des Martyrs : mais l'animal qui portait les châsses s'arrêta, et sembla vouloir se rendre vers l'église des Chanoines de Sainte-Croix. Après d'inutiles efforts pour le contraindre, il prit le chemin du couvent, pénétra dans l'église, et fléchissant les genoux devant le Maître-Autel, il ne se releva qu'après qu'on l'eût déchargé du précieux fardeau, qui fut placé devant le Tabernacle.

Les Chanoines de Sainte-Croix furent très-heureux, comme on le pense bien, du trésor que la divine Providence leur confiait en ce jour, mais bien plus heureux fut Dom Ferdinand. Le spectacle de cette translation solennelle produisit sur son esprit et sur son cœur la plus ineffaçable impression ; quand il eut appris les circonstances et les détails du martyre des cinq Enfants de Saint François, il ne pouvait plus se détacher, en quelque sorte, de leurs restes vénérables, il croyait entendre une voix intérieure qui l'appelait dans la famille spirituelle dont Dieu venait, depuis quelques années, d'enrichir le monde, et se sentait saisi d'un ardent désir d'imiter ces vaillants soldats de Jésus-Christ.

La pensée du martyre, la plus éclatante expression de son dévoûment à Dieu, la perspective de déverser sur les âmes, par la prédication, les trésors qu'il avait accumulés dans la sienne, avaient exalté Dom Ferdinand. Toutefois, sage et prudent, il se défiait des illusions de l'inconstance ; n'est-elle pas en effet, un écueil des plus dangereux, même pour la vertu !

Heureux jusqu'ici, pourquoi ce trouble inattendu ? pourquoi ces aspirations si ardentes vers la pauvreté absolue, l'obéissance et le martyre? Etait-ce la voix de Dieu qui se faisait entendre ? ou bien n'était-ce qu'une simple illusion de l'esprit de ténèbres ?

Dans ces circonstances terribles qui absorbaient son esprit nuit et jour, il eût recours à son moyen ordinaire, la prière ! Il demanda à Dieu de l'éclairer de ses lumières, et de lui faire connaître sa volonté sainte. Nouveau

Samuel, il suppliait le Seigneur de parler : *votre serviteur est prêt*, disait-il !

Le Seigneur ne se fit pas longtemps attendre ; plusieurs auteurs très-sérieux [1] , assurent que Saint François lui-même, vint lui porter la réponse du Ciel : un jour, disent-ils, que solitaire, Ferdinand épanchait sa peine devant Dieu, réclamant assistance et lumière, Saint François, alors en Italie, lui apparut tout-à-coup, et lui déclara de la part de Dieu, que la volonté divine l'appelait chez les Frères Mineurs, qu'il ne devait plus hésiter. C'en fut assez : la sérénité reparut dans son âme, et il n'attendit qu'une occasion favorable pour répondre à la grâce : elle se présenta bientôt.

Il y avait, comme nous l'avons dit plus haut, tout près de Coïmbre, un petit établissement de Franciscains, nommé Saint Antoine des Oliviers ; il était dédié à l'illustre Père de la vie monastique, Saint Antoine le Grand ; des oliviers magnifiques l'entouraient comme d'une riche ceinture : de là son nom.

Dans cette résidence vivaient six Enfants de Saint François ; ne possédant rien, conformément à la règle, ils allaient quêter dans les environs le pain de chaque jour, pour subvenir aux besoins de la Communauté. Ils venaient donc souvent à Coïmbre, et se présentaient de

---

(1) Wading, Bollandistes, etc.

temps en temps au riche couvent de Sainte Croix, pour recevoir l'aumône que leur faisaient les religieux.

Un jour, deux Frères Mineurs vinrent selon l'habitude ; Dom Ferdinand les ayant aperçus, les prit à part et leur dit : « *Mes très chers Frères, le Seigneur m'a* » *fait connaître sa volonté, je désire prendre l'habit de* » *votre ordre, mais à une condition : dès que je serai* » *parmi vous, vous m'enverrez chez les Sarrazins, afin* » *que, marchant sur les traces de vos glorieux Martyrs,* » *je puisse répandre mon sang pour la Foi, et partager* » *leur couronne.* »

Les Frères de Saint François furent ravis de ces paroles, et bénirent la Providence du secours qu'Elle leur envoyait. Ils partirent joyeux promettant de faire part de cette bonne nouvelle à leur Supérieur, et laissant au pieux Chanoine, l'espoir d'une réponse favorable et prochaine.

Avant tout, Ferdinand avait ouvert son âme à Dom Mendèz son Supérieur, il lui avait déclaré son trouble, et avait sollicité le secours de ses lumières et de son expérience.

Quand les Frères Mineurs furent rentrés à leur couvent ils s'empressèrent de rapporter à leur Gardien, la communication que leur avait faite Dom Ferdinand. Le P. Bernard de Quintavalle, ministre provincial en résidence à Saint Antoine d'Olivarèz, ne vit aucun obstacle à ce qu'un religieux d'un ordre moins sévère, entrât dans un ordre plus parfait, toutes réserves faites, du reste, des épreuves nécessaires. Quelques jours après, le vénérable Provincial se rendit lui-même à Coïmbre, pour s'entendre sur cette affaire, soit avec le pieux aspirant, soit avec son Supérieur.

La résolution généreuse du jeune chanoine était formelle, et son Supérieur convaincu qu'elle lui venait du ciel, n'était plus en droit de retarder son départ; *Dom Mendèz*, la douleur au cœur, lui ouvrit donc les portes d'une maison qu'il avait édifiée pendant dix ans: c'était en effet vers la fin de l'année 1220.

Ce jour fut pour les Chanoines de Sainte-Croix un véritable jour de deuil, les regrets furent unanimes; ces religieux avaient reçu le jeune Ferdinand comme un ange envoyé du ciel. Sa vie au milieu d'eux avait été un encouragement continuel à la persévérance dans la perfection religieuse, aussi pleurèrent-ils la perte de leur aimable confrère; et quand, revêtu déjà de la bure des enfants de Saint François, contre laquelle il avait échangé l'habit blanc des Augustins [1], il voulût leur faire ses adieux, un des Chanoines ne pouvant maîtriser

---

[1] Tous les anciens historiens de Saint-Antoine affirment qu'il prit l'habit de Franciscain, avant de quitter le couvent de Sainte-Croix.

son émotion, lui dit avec ironie: « *Allez, allez, on vous canonisera bientôt.* » — « *Mon père*, répondit Ferdinand avec humilité, *si vous l'apprenez un jour, certainement vous en bénirez le Seigneur.* » Or, douze ans après, le Souverain Pontife Grégoire IX, inscrivait Ferdinand au nombre des Saints.

Les émotions pénibles des Augustins, et leur mécontentement s'effacèrent peu à peu, bientôt ils rendirent à leur ancien confrère leur première affection, et conservèrent précieusement tout ce qui leur rappelait son séjour parmi eux : le lieu où il avait revêtu l'habit Franciscain, comme la place d'où il avait, à travers les murs entr'ouverts de l'église, adoré la sainte Eucharistie, furent pour eux des endroits vénérés.

En souvenir de la bonne harmonie entre les deux couvents et probablement aussi par reconnaissance de la gloire que les religieux Augustins avaient procurée aux Frères Mineurs, c'est un Chanoine de Sainte-Croix, qui tous les ans le 13 juin, va prêcher au couvent de Saint Antoine d'Olivarèz, le panégyrique de Saint Antoine de Padoue.

Enfin Dom Ferdinand de Bouillon quitta Coïmbre et son cher couvent, et fit son entrée dans celui d'Olivarèz. Désormais il ne s'appellera plus Ferdinand : en effet, pour mieux échapper aux recherches de ses parents et de ses amis, et comme pour être plus entièrement à Dieu, il prit le nom d'Antoine.

Pourquoi prit-il le nom d'Antoine? peut-être parce que le couvent était dédié au père de la vie monastique, peut-être aussi parce qu'il avait toujours professé envers le Saint Abbé une dévotion toute particulière; quoiqu'il en soit, il prit ce nom, et plusieurs ont remarqué dans ce choix, comme un présage des merveilles qu'il allait accomplir, remplissant tout son siècle de l'éclat de ses prédications et de ses miracles : Antoine, *Altè Tonans*, tonnant fortement! nom cher à tous les fidèles et vénéré de tous les affligés !

Mais qui a jamais pénétré les secrets de sa propre vie? Antoine rêvait le martyre ! Il voulait mourir en Afrique pour la foi, et cependant, malgré sa sainte impatience, il dut se résigner aux préparations qu'exigeait son son nouvel état de vie, et sut retirer de grands avantages, du retard mis par ses Supérieurs à l'accomplissement de son projet : oh! bienheureuse solitude d'Olivarèz, dites-nous la générosité avec laquelle Antoine travailla à se détacher absolument de tout et de lui-même, par la pratique de la pauvreté Franciscaine ! dites-nous les ineffables consolations dont le Souverain maître combla son âme !

De plus en plus prudent, il se défie de lui-même, et s'abandonne à la volonté de son Supérieur ; prévoyant les énormes difficultés qui l'attendent dans la mission à laquelle il se prépare, combien de fois il se prosterne aux pieds de la croix qui sera sa seule consolation et sa seule fortune ! S'attachant à elle, il l'arrose des larmes de son bonheur, et se met sous la protection de cet étendard sacré, choisi par le vainqueur du monde et de l'enfer. Ainsi voit-on, dans la solitude des grands bois, la vigne vierge chercher abri et protection dans les bras de l'ormeau robuste, vers lequel elle s'élance et qu'elle étreint.

Enfin il arriva, le jour tant désiré, où Antoine fut admis à la profession solennelle, et reçut obédience de ses Supérieurs pour aller en Afrique. Au comble de la joie, il n'admet plus de retard, et avec le frère Philippe qu'on lui donne pour compagnon de voyage, il dit adieu à ses frères d'Olivarèz. Avant de partir, il salue une dernière fois ses chers oliviers, aux pieds desquels tant de fois il a pleuré, comme Jésus agonisait à Gethsémani, à la pensée des millions d'âmes qui vivent dans le péché, auxquelles il brûlait d'annoncer aux dépens de sa vie le nom et la grandeur de Dieu ; enfin, comme Jésus quittait le jardin des oliviers pour aller au calvaire, Antoine quitte ces lieux aimés pour aller au martyre.

Antoine et son compagnon cheminent à pied, comme les Apôtres ; leur zèle dévore l'espace ; voici la mer :

ils font voile vers le Maroc, et après une heureuse traversée, ils abordent à Septa, ville de la Mauritanie : c'était à la fin de 1221.

Mais, ô profondeur des vues de Dieu ! alors que tout avait semblé sourire à ses désirs, alors que le pied frémissant de l'Apôtre a hâte de fouler la terre du Maroc, il est saisi d'une fièvre violente qui le retient impuissant pendant quatre mois de l'hiver.

Antoine se résignait à cette épreuve et l'acceptait généreusement, quand, soit que ses Supérieurs auxquels avait écrit Frère Philippe, lui eussent donné l'ordre de revenir en Espagne, soit que Dieu lui eut révélé (1) qu'Il était content de son sacrifice, et qu'Il le voulait ailleurs qu'au Maroc, Antoine dut se rembarquer pour le Portugal, en 1222.

Le navire qui avait à bord notre Apôtre toujours soumis à la volonté Divine, mit à la voile par un temps favorable ; mais à peine fût-il en pleine mer, qu'une violente tempête l'assaillit, et le détourna de la route des Espagnes ; chassé par un vent furieux d'ouest, le navire entra à pleines voiles dans les eaux de la Méditerranée, et fut jeté vers la Sicile.

Antoine ne devait plus revoir sa patrie ! et ses frères d'Olivarès n'eurent de lui d'autre souvenir que sa cellule de novice, dont ils firent une chapelle ; il pût enfin

______

(1) R. P. Dirhs.

débarquer à Messine, quelques jours avant Pâques. Dieu le conduisait mystérieusement là où Il le voulait.

Étant entré dans cette ville, il apprit que les Frères Mineurs avaient dans les environs une résidence ; cette nouvelle le remplit de joie, et le soir même il se rendit au couvent.

Quatre Frères formaient alors tout le personnel de cette maison. Les autres religieux s'étaient mis en route pour Assise, où devait avoir lieu un Chapitre général présidé par saint François.

Notre glorieux naufragé se reposa quelques jours au milieu de ses Frères. Il ne resta pourtant pas inactif : il fit creuser un puits à Messine, et planta plusieurs arbres dont les fruits sont cueillis comme remèdes dans certaines maladies [1].

Cependant la fièvre avait disparu, et les forces revenaient à Antoine. Il résolut alors d'aller lui-même à Assise pour y voir son vénérable Père, le Patriarche saint François, et recueillir quelques-unes des paroles de sagesse qui tombaient de ses lèvres : il prit donc congé du Frère qui gouvernait le couvent en l'absence du Supérieur, et, après avoir reçu sa bénédiction, il se remit en route accompagné de Frère Philippe.

Le Chapitre général auquel se rendait Antoine, avait été ouvert le 30 mai 1222, jour de la Pentecôte.

____

[1] Azzoguidi.

En ce temps-là , une réunion générale des Frères Mineurs offrait un spectacle magnifique. Assise était le rendez-vous d'une foule de religieux qui y affluaient de toutes les parties de l'univers, où les enfants de Saint François avaient pu planter leur tente, et qui venaient se retremper sous les yeux de leur séraphique Père, dans le saint esprit de leur règle.

Notre-Dame-des-Anges et son couvent ne pouvaient contenir ces légions d'imitateurs de Jésus-Christ ; aussi ces religieux campaient-ils dans une grande plaine tout près d'Assise, sous des tentes qui leur servaient d'abri : un silence profond régnait au milieu de cette immense famille, et il n'était interrompu que par les exercices du Chapitre , ou par le signal qui les appelait à la prière.

Antoine et son compagnon arrivèrent à Assise vers la fin du Chapitre; toutefois ils purent admirer le bienheureux François, la merveille d'Assise, qui remplissait l'Europe entière du bruit de sa renommée. Antoine recueillit avec bonheur les dernières exhortations que l'illustre Pauvre volontaire faisait adresser à ses enfants par Frère Elie, son vicaire général.

Cependant le Chapitre général était terminé, et personne n'avait fait attention à Antoine; nul ne remarqua ce jeune religieux à l'air maladif sans doute, mais aux manières bien distinguées; nul ne s'inquiéta de savoir qui il était, d'où il venait. Il est vrai qu'il parlait peu, et écoutait beaucoup ; aussi resta-t-il caché dans son humilité : il avait vu et entendu son Père spirituel, c'était bien là tout ce qu'il avait désiré.

Plusieurs sont étonnés de ce que Saint François, si habile à découvrir les dons de Dieu, ne sembla pas faire attention, plus que les autres, à la personne de son jeune Frère, dont le savoir et la sainteté allaient bientôt ravir tout son siècle. Ne l'avait-il pas connu à Coïmbre, dans cette vision où il décida sa vocation ?

Le Père Angélique de Vicence assure que Saint François était bien fixé sur le mérite d'Antoine, mais que sa manière de voir ne fut pas partagée par les autres Supérieurs, Dieu permettant cela pour éprouver l'humilité de son jeune serviteur. Ne pourrait-on pas dire aussi que la divine Providence a soin de faire connaître à son heure les hommes sur lesquels Elle a de grands desseins. Saint François était parfaitement édifié sur la valeur d'Antoine, mais il devait rester bouche close, parce que le moment n'était pas venu, où ce trésor caché devait être révélé au monde.

Quoiqu'il en soit, les Frères se séparaient et partaient, sous la conduite de leur Supérieur respectif, pour les couvents qui leur avaient été assignés : Frère Philippe, compagnon d'Antoine, fut envoyé à *Città di Castello*, où il vécut édifiant ses Frères, et mourut en odeur de sainteté.

CHAPITRE TROISIÈME.

—

Antoine méconnu. — Antoine au Mont-Saint-Paul.

Vision merveilleuse. — Trésor révélé. — La lumière sur le chandelier.

Diverses missions confiées à Antoine.

Antoine Thaumaturge inépuisable.

—

Antoine tout absorbé par la méditation intérieure de
ce qu'il avait vu et entendu, ne s'était offert à aucun
gardien, et ne fut demandé par personne, il restait seul
sans mission, sans emploi. Ce délaissement, loin de le
décourager, le remplit d'une grande joie intérieure,
et il remerciait le divin Maître, de ce qu'il l'avait jugé
digne d'être méprisé et inconnu de tous, quand le Père
Gratien, ministre de la province de Romagne, qui

était encore à Assise, l'aperçut par hasard : s'étant approché de lui, il lui demande s'il n'a pas reçu de de destination : « *J'attends*, répond humblement Frère Antoine, *qu'on me dise où Dieu veut que j'aille.* » Frappé de sa modestie et de sa ferveur, Gratien s'informe s'il est Prêtre [1] ; « *Je le suis,* reprend Antoine. » — « *Voudriez-vous aller au Mont Saint-Paul pour dire la Messe aux Frères qui vivent là dans la sollitude et la vie contemplative?* » — « *J'irai partout où m'appellera l'obéissance.* » — « *Eh bien, suivez-moi, mon Frère,* » dit alors F. Gratien, et il le conduisit devant le ministre général qui autorise le départ de F. Antoine pour l'Ermitage du Mont Paul, près de Forli [2].

Lorsqu'Antoine fut arrivé à sa destination, il ne tarda pas à être profondément impressionné par le spectacle des austérités et du silence rigoureux auxquels se sou-mettaient les Religieux qui vivaient dans cette solitude ; à leur exemple, il s'exerça aux pratiques de la plus sublime perfection. Tous les jours, suivant les ordres du P. Gratien, il célébrait le saint sacrifice pour les Frères, et puis il s'abandonnait à son attrait pour la vie contemplative, le jeûne et les mortifications ; comme les anciens solitaires du désert, il vivait d'une vie aus-

---

(1) A cette époque les Prêtres n'étaient pas nombreux dans la famille de Saint François.

(2) Azzoguidi. — Ang. de Vicenza.

tère : sous les coups d'une discipline de fer, il déchirait sa chair innocente , au point que sa santé se trouva bientôt compromise, et son corps déjà si faible devint comme un squelette. Cependant, on ne saurait se faire une idée des douces consolations qu'il goûtait dans sa bienheureuse solitude , qu'il regardait comme le vestibule du Paradis.

Dans la petite cellule creusée dans le rocher qu'il s'était fait céder par le religieux qui l'habitait, Antoine vivait avec Dieu seul ; Dieu le dédommageait en retour, par l'effusion des plus vives lumières et des plus suaves communications : *ibi loquar ad cor ejus*, là, Dieu parlait à son cœur, et pour lui l'univers tout entier se résumait dans sa solitude et ses paisibles habitants qu'il recommandait tous les jours au Seigneur. Là, son humilité extraordinaire se trouvait à l'aise, et il recherchait les emplois les plus communs et les plus bas de la communauté. On eut pu voir alors Ferdinand de Bouillon, le descendant des races royales, un balai à la main nettoyant les cellules, ou à la cuisine lavant la vaisselle.

Sa charité sans bornes le portait à faire pour ses Frères, et en les prévenant, ce qu'ils devaient faire plus tard, afin qu'ils eussent plus de temps à consacrer à la contemplation et à la prière. Aussi bien la bonté divine recommençait-elle à récompenser au centuple le fidèle serviteur, par des faveurs exceptionnelles ; c'est en effet au Mont Paul, dit-on (1), que lui apparût la T.-S. Vierge, lui montrant un cœur couronné sur lequel était fortement empreinte l'image de Jésus crucifié, entouré de la corde de Saint François. Antoine rapporta plus tard ce fait à Padoue, en prêchant sur l'amour envers J.-C. souffrant et mourant pour nous (2).

Notre jeune religieux s'avançait rapidement vers les sommets de la perfection religieuse, et déjà depuis neuf mois, dit un pieux chroniqueur (3), cet homme d'élite et d'une sagesse consommée, vivait comme le Frère le plus humble et le plus ignorant, cachant avec le plus grand soin son immense savoir, lorsque Dieu jugea qu'il était temps de révéler au monde les trésors de charité, de science et de perfection qu'il avait amassés dans le cœur de son fidèle serviteur. Les nuages qui cachaient une lumière aussi ardente que brillante allait être dissipés; un événement bien simple et bien ordinaire en fournit l'occasion à la divine Providence.

---

(1) R. P. Blondelet.

(2) La relation de ce prodige est probablement cause de la méprise de quelques auteurs, qui l'ont confondu avec un autre fait de même nature arrivé aux grottes de Brive pendant qu'Antoine s'y trouvait. Nous en parlerons en son lieu. Quoiqu'il en soit, nous voyons combien est ancienne la dévotion au Sacré-Cœur, puisque la Sainte Vierge elle-même l'offre à la piété d'Antoine. D'un autre côté l'Ordre séraphique a lieu d'être fier de cette manifestation du Cœur adorable de Jésus, à l'un des plus anciens et des plus illustres enfants de Saint François.

(3) Marc de Lisbonne.

Au mois de mars 1222, le **P.** Gratien avait conduit à Forli, ville épiscopale, quelques Frères Mineurs de sa province, pour y recevoir l'ordination des mains de l'Evêque; il avait pris Antoine pour son compagnon de voyage. Ils rencontrèrent dans cette ville quelques jeunes Dominicains qui y étaient venus, eux aussi, pour recevoir les saints Ordres.

D'après les calculs d'Azzoguidi, l'ordination dût avoir lieu le 19 mars, samedi avant le 4e dimanche de carême; or, soit dans une des conférences spirituelles qui étaient faites aux ordinands, soit le jour même de l'ordination à la cathédrale, le Provincial des Frères Mineurs (sur la demande de l'Évêque de Forli, disent les Bollandistes), s'adressa aux Dominicains et les pria de faire une pieuse allocution, pour l'édification de tous; ceux-ci s'excusèrent, prétextant la surprise, prétendant d'ailleurs, que cet honneur revenait de droit aux Frères Mineurs. Les Enfants de Saint François opposèrent excuse à excuse; devant cette réciprocité de déférences fraternelles, Gratien saisi d'une inspiration soudaine, tourne les yeux vers Antoine et lui ordonne, au nom de la sainte obéissance, de parler aux ordinands et de dire devant tous, ce que le Saint Esprit lui inspirera.

Cet ordre si inattendu troubla Antoine, qui objecta avec humilité son ignorance, et le peu de rapport qu'il y avait entre la charge de cuisinier qu'il remplissait au couvent et celle qu'on lui confiait tout à l'heure ; sur un nouvel ordre du Provincial, Antoine se rappelant le mérite de l'obéissance prompte et sans réplique, baisse la tête, se recueille un instant et se lève. Il commence son discours en tremblant, sa parole était d'abord simple et familière, son humilité refoulant les saillies éclatantes de son génie naturel et de sa grande érudition ; mais, s'échauffant peu à peu au feu de la sagesse divine, cette parole si timide devint, comme malgré lui, majestueuse et éclatante ; des flots d'une éloquence surnaturelle coulèrent subitement de ses lèvres regardées jusqu'alors comme ignorantes. Quand on l'entendit se jouer en quelque sorte avec les Pères de l'Église, commenter les passages les plus variés de la Sainte Ecriture, dérouler devant tous sa science théologique, il y eut dans l'auditoire comme un tressaillement de bonheur et d'enthousiasme [1], et chacun comprit instinctivement le prodige d'humilité qui avait tenu caché si longtemps, une pareille merveille.

Dieu venait enfin de placer sur le chandelier cette étonnante lumière qui allait illuminer les âmes !

Le Père Gratien qui avait admis Antoine comme par charité, au couvent du Mont Paul, fut plus surpris et plus ravi que personne ; il se croyait sous l'influence d'un rêve. Quoi ! Frère Antoine si timide, si simple, en

____
(1) Angel. de Vicenza.

apparence si ignorant, était bien ce prédicateur si savant, si éloquent qu'il venait d'entendre ! Sa joie fut si grande qu'il remercia mille fois le Seigneur du don excellent qu'il avait bien voulu faire à son Ordre. Il nomma sur le champ Frère Antoine, prédicateur de la Romagne, et écrivit à saint François pour lui annoncer l'inestimable découverte qu'il venait de faire, et la mission confiée à ce précieux ouvrier. Le séraphique Patriarche approuva ce qu'avait fait le Père Gratien, et étendit à toute l'Italie, la mission d'Antoine, qu'il n'appela plus désormais, par respect pour son humilité et son savoir, que son *Evêque.*

Le bruit de cet évènement se répandit bientôt dans tout l'Ordre naissant qu'Antoine allait illustrer, au point que saint Bernardin de Sienne l'a surnommé la *seconde pierre fondamentale de l'Ordre de saint François.*

Ici va commencer une nouvelle vie pour notre Franciscain bien aimé. Au calme de la solitude, aux ineffables consolations de la prière, va succéder la lutte publique de l'ardent Missionnaire et du grand Thaumaturge.

Antoine avait près de vingt-huit ans, quand il se vit obligé d'accepter par obéissance, la difficile mission que ses supérieurs imposaient à son humilité. Mais le Seigneur était avec lui, et sa grâce inspira si heureusement le zèle du pieux Franciscain, que son apostolat eut partout un succès extraordinaire qui le fit dominer son siècle.

Forli fut la première ville qui entendit les accents de l'éloquent Frère Mineur ; au bruit de cette voix inconnue qui éclatait comme un tonnerre sur les vices et contre les pécheurs, cette ville mauvaise se recueillit : elle reçut la lumière qui venait la remettre dans la voie de la vérité et de la vertu ; les pécheurs les plus endurcis, qui depuis longtemps avaient perdu la vie de l'âme, acceptèrent la résurrection que leur offrait, de la part de Dieu, le puissant missionnaire. Aux vices, aux crimes, aux erreurs dans lesquels était plongée la ville malheureuse, succéda bientôt l'esprit de prière et de pénitence.

Le bruit des succès du nouvel apôtre se répandit vite dans la Lombardie et la Romagne ; nous savons par les premiers historiens de sa vie, qu'on accourait de toutes parts à ses prédications. Sa sainteté, sa science et la puissance de sa parole attiraient tout à lui. Il dut se rendre dans plusieurs villes où il était demandé, et chemin faisant, il évangélisait les villages et les bourgades ; il ne dédaignait pas de prêcher aux petits, aux ignorants qui venaient sur son passage : partout sa voix brisait les résistances des plus grands pécheurs qui se précipitaient à ses genoux et imploraient miséricorde, et les conversions les plus inespérées s'opé-

raient à la suite des prédications de cet homme de
Dieu.

Cependant il y eut une ville, sur laquelle, les merveilles de conversion que produisait ailleurs l'éloquence
d'Antoine, firent un effet tout contraire. Rimini fut
plutôt consternée que réjouie de l'arrivée du grand
missionnaire : il y avait là, un grand nombre d'hérétiques professant un mélange des erreurs des Manichéens
et des impiétés des Albigeois ; tous ces hommes de per-
dition opposèrent à la charité et au zèle de l'apôtre une
résistance incroyable. Lorsqu'ils apprirent qu'Antoine
se rendait dans leur ville, ils excitèrent, par tous les
moyens possibles, le peuple à ne point l'entendre.
Aussi, à peine arrivé à Rimini, l'illustre Franciscain se
rend à l'église et monte en chaire ; mais à sa grande
surprise, il s'aperçoit qu'à mesure qu'il parle, le vide
se fait autour de lui, malgré, et peut-être à cause de
l'impression profonde que font sur son auditoire, les
quelques paroles qu'il a déjà prononcées.

Les hérétiques triomphent ; toutefois redoutant une
réaction de ce peuple qui peut être enlevé par la puissance et la sainteté du missionnaire, ils conçoivent
l'abominable projet d'assassiner Antoine : les Scribes et
les Pharisiens projetaient autrefois la même résolution
sacrilége contre Jésus le Saint des Saints ; mais averti
par une grâce du ciel, notre prédicateur se tient caché

pendant quelques jours, priant et faisant pénitence pour ces misérables dont il connaissait les intentions homicides.

Dieu vint enfin au secours d'Antoine, par une merveille éclatante et publique qu'il opéra par son intermédiaire ; quelques auteurs croient que ce prodige eut lieu lors d'une seconde visite que notre apôtre fit à Rimini ; quoiqu'il en soit, le fait étant vrai, nous préférons avec d'autres auteurs le raconter comme ayant eu lieu dans cette première prédication, et voici pourquoi : Dieu voulait par cette manifestation prodigieuse de sa puissance établir publiquement l'estime qu'il avait pour son apôtre, et donner plus d'autorité à ses prédications ; il voulut donc consacrer en quelque sorte les débuts d'Antoine par un miracle indéniable. Nous ne le rapporterons pas dans tous ses détails, quelques traits principaux suffiront pour l'édification de nos pieux lecteurs : notre zélé Frère Mineur, priait et jeûnait dans sa retraite ; tout à coup par inspiration divine, il paraît en public ; il annonce qu'il se rend sur les bords de la mer, et que ceux qui voudront le suivre seront témoins de choses merveilleuses : il n'en fallut pas davantage pour exciter la curiosité générale, car malgré la haine que les méchants avaient cherché à susciter contre l'illustre Frère Mineur, le peuple avait une grande foi dans sa puissance surnaturelle.

Un grand nombre de fidèles et d'hérétiques suivit Antoine jusqu'au rivage ; là, les yeux fixés sur l'apôtre, chacun attendait avec anxiété ce qui allait se passer. Celui-ci est recueilli et comme absorbé en lui-même, il prie ; puis promenant son regard sur l'immense étendue de la mer, il élève sa voix puissante et inspirée, et s'écrie : « *Poissons de la mer et des torrents, écoutez :* » *c'est à vous que je vais annoncer la parole de Dieu,* » *puisque les hérétiques obstinés refusent de l'entendre.* »

A ces mots une multitude de poissons de toute forme et de toute grosseur parut sur le rivage ; chacun d'eux vint, comme avec intelligence , prendre rang et place, sans frayeur et dans l'ordre le plus parfait : tous, la tête hors de l'eau, et tournés vers le prédicateur auquel ils obéissent, semblent attendre immobiles, ce que va leur dire l'envoyé de Dieu ; Antoine les contemple un instant avec ravissement, et leur adresse la parole comme à des créatures raisonnables : « *Poissons , mes petits* » *frères* , leur dit-il , *vous devez autant qu'il est en* » *vous, remercier le Créateur qui a bien voulu vous* » *donner un si noble élément pour domaine.* » Le Saint leur rappelle que c'est en effet le créateur qui leur a fourni des eaux selon leur nature et leur constitution , des refuges innombrables contre les tempêtes ; c'est Lui qui trace leur route à travers l'Océan, et leur donne la nourriture, depuis la bénédiction première aux jours de la création. Dieu se servit de l'un d'eux pour l'accomplissement de ses volontés par le prophète Jonas, et le Seigneur Jésus, pauvre volontaire, a pu payer le tribut, au moyen des poissons. « *Louez donc, et bénissez le Seigneur, baleines et tous les poissons de la mer !* »

Ces animaux s'agitèrent alors, et inclinant la tête, ils ouvraient la bouche comme pour applaudir. Antoine transporté de joie s'écrie : « *Béni soit le Dieu éternel ! oui,*
» *qu'il soit béni, puisque de pauvres poissons lui ren-*
» *dent plus d'honneur que les hérétiques, et que des*
» *êtres sans raison écoutent plus docilement sa parole*
» *que ceux qui devraient obéir à son Eglise !* » [1]

A mesure que l'apôtre parlait, la multitude des poissons devenait plus grande, et chacun d'eux gardait la place qu'il s'était choisie.

L'obstination des méchants ne put résister à un miracle aussi éclatant, accompli sous les yeux d'une foule immense ; l'épreuve fut décisive et victorieuse : touchés par la grâce, ces impies se jettent aux pieds du Thaumaturge, et demandent à être instruits des mystères de la Foi.

Antoine congédia les poissons en les bénissant, et s'adressant à la foule repentante, il prêcha avec tant d'onction et de puissance, que tous ceux qui étaient là

______

[1] Bolland., 13 juin.

se convertirent. Les fidèles de leur côté, furent remplis de consolation et de bonheur, et tous ensemble ils rentrèrent à Rimini, louant et bénissant le Seigneur qui les avait visités dans son grand serviteur Antoine !

Celui-ci resta encore quelques jours dans la ville, réconciliant les hérétiques, confessant les pécheurs et les raffermissant tous dans l'amour de son Dieu.

O Seigneur ! soyez mille fois béni pour votre miséricordieuse condescendance envers vos saints ! Vous ne dédaignez pas pour l'affermissement des faibles et pour la conversion des pécheurs, de leur communiquer en quelque sorte votre toute puissance sur la nature, et d'autoriser ainsi d'une manière plus éclatante leur parole !

Rimini était une ville complétement changée : le succès et le miracle de notre glorieux apôtre, furent bientôt connus dans les Romagnes et dans toute l'Italie. Il quitta cette ville, et alla à travers l'Emilie à la conquête des âmes : pendant environ six mois, il défricha la vigne du Seigneur, la moisson fut abondante, et nul autre que Dieu sait le nombre des âmes auxquelles il ouvrit les voies du salut et les portes du Ciel.

Il allait donc de triomphe en triomphe, c'était déjà le grand apôtre du siècle, jamais on n'avait vu un semblable Thaumaturge ; partout on parlait de sa science, de la puissance de sa parole, et de sa sainteté ; on le surnommait l'*Extirpateur des vices* et le *Marteau des hérétiques*, lorsqu'il reçut de Saint François, l'ordre d'enseigner la Théologie aux Frères Mineurs , et même aux étudiants qui voudraient assister à ses leçons.

Voici la lettre du Séraphique Patriarche :

« *A mon très-cher Frère Antoine , Frère François, salut en N. S. Jésus-Christ.*

» *Je trouve bon que vous enseigniez la sainte Théologie*
» *à nos Frères; mais prenez garde que l'esprit de la*
» *sainte Oraison ne s'éteigne ni en vous, ni dans les*
» *autres (je tiens beaucoup à ce point) conformément*
» *à la règle que nous professons. Adieu.* » (1)

Nous avons dans notre sanctuaire , près Brive , un tableau représentant Saint François, donnant mission à Frère Antoine, d'enseigner la Théologie. Le Patriarche est debout, et tend en souriant à Antoine, à genoux devant son Père , une patente sur laquelle on lit ces mots : *Placet studium cum pietate.* Il m'est agréable de voir l'étude unie à la piété.

Plusieurs ont osé soutenir que Saint François défendait l'étude à ses disciples : nous trouvons ici la preuve la plus manifeste et la plus péremptoire du contraire. Il exigeait de ses enfants l'étude des divines écritures, des

____

(1) Wading , tom. 2, page 49. Bolland, 13 juin.

saints Pères et de la Théologie , réglée toutefois de manière qu'en nourrissant l'esprit, elle ne desséchât pas le cœur. L'intelligence à la recherche de la vérité, qui n'a pas toujours Dieu et la vertu pour fin , s'égare facilement, et aboutit , hélas ! trop souvent , à l'oubli des vérités *seules* importantes pour l'homme.

Quoiqu'il en soit, Antoine a reçu sa nouvelle mission, et prompt à l'obéissance, il se rend à Bologne où il établit sa chaire, autour de laquelle accoururent de nombreux disciples : c'était vers la fin de l'année 1222.

D'après Wading et les Bollandistes , Saint François voulut qu'Antoine, avant de prêcher et d'enseigner la Théologie, étudiât à Verceil, auprès du fameux Thomas de Paris, abbé de Verceil. Cette opinion est contredite par la plupart des historiens de Saint Antoine, et Azzoguidi (1) déclare que les rapports incontestables qu'Antoine eut avec l'illustre abbé de Verceil , ne s'établirent que plus tard, lorsqu'il évangélisa cette ville : ils se bornèrent à l'estime réciproque que peuvent avoir l'un pour l'autre deux prêtres pieux et instruits, qui se consultent pour avancer dans les voies de la perfection , ou dans la connaissance des sciences sacrées.

Il nous semble, à nous, impossible de distraire des occupations de notre apôtre dans le courant de cette

---

(1) Azzog. note 31.

année , ne serait-ce que l'espace d'un mois , pendant lequel il serait devenu, à Verceil , le disciple de ce grand maître. Et à quelle fin du reste? Antoine avait fait de très-fortes études Théologiques chez les chanoines de Saint Augustin ; depuis son entrée dans l'Ordre de Saint François, sa vie n'avait été qu'une contemplation presqu'ininterrompue et une pratique habituelle de théologie mystique ; il avait donc, pour enseigner aux autres, tout ce que désirait Saint François ; Antoine eut l'honneur d'être le premier *lecteur* en théologie dans cet Ordre des Frères Mineurs, qui devait s'honorer dans la suite, et à juste titre , d'une phalange de Théologiens célèbres, comme saint *Bonaventure* , le docteur séraphique , et *Duns Scot* , le docteur subtil.

Nous avons vu que le jeune et nouveau professeur avait attiré, dès ses premières leçons, une foule nombreuse autour de sa chaire. La profondeur de son enseignement, la perspicacité et l'élévation des aperçus, la facilité de sa parole, la simplicité de sa méthode, eurent bientôt formé à Bologne, des disciples habiles et d'excellents prédica-teurs.

Cependant Antoine était toujours dévoré du zèle de la gloire de Dieu et du salut des âmes ; par humilité, il aurait bien voulu rester inconnu, mais par amour de Dieu et des âmes , il se sentait le devoir de se faire connaître ; aussi, pendant les heures que lui laissait son cours de théologie, il annonçait la parole de Dieu et s'occupait du ministère de la direction des âmes.

Mais le moment arrivait, où la parole d'Antoine allait être lancée comme une flèche divine contre le libertinage et les hérésies qui infectaient le Midi de la France ; elle allait tomber comme un marteau pour pulvériser les erreurs. Ces malheureuses contrées étaient ravagées par une foule d'impies, qui, à l'hérésie manichéenne, ajoutaient la négation de l'autorité du saint Siège , du Purgatoire, pe la présence réelle de Notre Seigneur Jésus-Christ dans le sacrement de l'Eucharistie, etc.

Saint François, touché de pitié pour le grand nombre d'âmes qu'il voyait en Dieu se perdre dans nos contrées, comprit qu'Antoine était bien l'instrument de la Providence. Il lui ordonna de se rendre à Verceil, pour y prêcher la station du Carême : c'était en 1223.

Il fallait à l'Apôtre plus que le courage qui ne craint pas la mort : à l'hérésie, il devait opposer une science plus qu'ordinaire ; au libertinage et à l'impiété il fallait opposer une vie sainte et mortifiée ; à la mollesse et à l'indifférence il fallait répondre par une tendresse spirituelle puisée dans le cœur de Jésus ; il avait tout cela, et il partit pour Verceil, comptant sur l'assistance divine, qui du reste ne lui fit pas défaut.

Le bruit de son éloquence l'avait précédé dans cette ville ; l'Evêque, nommé Hugues , le reçut avec tous les égards qu'attirent la sainteté et le talent ; à peine arrivé, Antoine commence ses prédications : la foule accourt impatiente de voir et d'entendre le célèbre missionnaire. La magnifique cathédrale dédiée à Saint Eusèbe ne peut plus contenir l'immense auditoire ; le prédicateur redouble de zèle et d'activité, et bientôt le plus étonnant succès couronne ses efforts. C'est pendant cette mission qu'il plut à Dieu de manifester combien il avait pour agréables et la doctrine et les œuvres de son bien-aimé serviteur.

Un matin l'infatigable missionnaire prêchait dans la basilique ; soudain des cris, des sanglots se font entendre dans une des chapelles latérales. On venait d'introduire dans le lieu saint le corps d'un jeune homme, et le prêtre commençait à réciter les prières des morts sur cette dépouille sans vie. Les pleurs et les gémissements des parents et des amis émurent de compassion toute l'assistance. Antoine était plus ému que personne. Il suspend sa prédication, se recueille, et semble prier avec une grande ferveur ; puis reprenant la parole, et tourné vers le défunt, il lui ordonne, de la part de Dieu, de sortir de la bière et de revenir à la vie ; comme Lazare à la voix de Jésus, le jeune homme se dresse et apparaît plein de santé, et suit sa famille transportée d'étonnement et de bonheur (1).

____

(1) Wading. Angelico de Vicenza.

Une immense acclamation d'actions de grâces éclata dans l'église et se répandit dans la ville, devant ce prodige. Chacun bénit le Seigneur de ce qu'il voulait bien glorifier son ministre Antoine.

Ce fut pendant son séjour à Verceil que commencèrent les relations dont nous avons parlé, entre lui et le savant et pieux bénédictin Thomas Gallus, Thomas de Paris. Ces deux grands hommes étaient faits pour se comprendre. Thomas était émerveillé des connaissances profondes d'Antoine dans la théologie mystique : « *Ah !* disait-il, après avoir suivi sa prédication, *il possède vraiment une science divine et une charité céleste par lesquelles il éclaire et pénètre les âmes* [1].

Cependant Antoine avait terminé sa mission et quitté Verceil ; sur l'ordre de Saint François il se dirigeait vers la France, se rendant à Montpellier. Sur sa route pas une ville, pas une bourgade qui n'entende sa parole ; partout elle ébranle les consciences et opère des conversions ; à peine a-t-il touché le sol de la France, qu'éclate en lui le don des langues ; il prêche, et tous le comprennent, sa voix atteint les auditeurs les plus éloignés ; son voyage fut l'occasion d'une abondante récolte d'âmes pour Jésus-Christ.

----

(1) Azzog. Not. 34.

CHAPITRE QUATRIÈME.

—

—

Enfin le grand Thaumaturge arrive à Montpellier. Salut astre glorieux ! il nous tardait de vous voir commencer votre course étincelante sur notre chère patrie ! élancez vous géant divin ! nous vous suivrons pas à pas, aux empreintes ineffaçables qu'ont laissées vos sueurs et vos bienfaits !

Antoine avait reçu la mission d'enseigner la Théologie à Montpellier, et de fonder des Maisons de son Ordre dans la contrée ; la tâche difficile qui lui est imposée, les dangers qu'il peut avoir à courir ne le découragent pas. Armé du glaive de la parole, il se met à l'œuvre. Les saintes écritures, l'enseignement des Pères, la tradition catholique abondent sur ses lèvres ; son exposition de la vérité est si nerveuse et si solide, qu'il la rend en quelque sorte évidente, même aux esprits les plus prévenus ; son argumentation est si vive et si pressante que nul hérétique n'ose le contredire en face.

Antoine remplissait donc sa tache avec un zèle infatigable, enseignant publiquement la Théologie, et après ses cours, évangélisant et se livrant à la direction des âmes. Mais il n'oubliait point la propagation de son Ordre ; il fit de si nombreuses fondations, qu'Azzoguidi a pu dire que toutes les Maisons possédées autrefois par les Frères Mineurs dans le Midi de la France, avaient été commencées ou du moins terminées par son zèle (1).

C'est dans cette ville qu'il écrivit ses *Commentaires sur les psaumes* ; ce sont des homélies très-courtes, mais remplies de l'esprit de Dieu, et dans lesquelles sont développés d'une manière très-intéressante, les sentiments du prophète royal. Cet ouvrage très-estimé à cause de la grande science et de la grande piété que l'auteur y a répandues, ne le quittait probablement jamais : c'était un *vade mecum* dans lequel il trouvait la matière des instructions les plus variées.

---

(1) Azzoguidi, note 34.

— 67 —

Pendant son séjour à Montpellier, Dieu le favorisa du prodige de la bilocation. C'était le jour de Pâques 1224 ; Antoine prêchait à la cathédrale ; dans le cours de la prédication, il se rappelle tout à coup qu'il a oublié de se faire remplacer dans l'église du couvent, pour une fonction à remplir à ce moment même. C'était l'usage dans nos Maisons, dit le Père Dirhs, qu'aux plus grandes solennités, deux religieux des plus recommandables chantassent l'*Alleluia*, au milieu du chœur, pendant la messe solennelle ; or, Antoine était désigné pour cette fonction. Profondément affligé de son oubli il se couvre la tête avec son capuce, et se penchant sur le bord de la chaire, il demeure quelque temps immobile et silencieux : l'auditoire le croit indisposé ou en extase..... Un prodige venait de s'opérer, Antoine avait assisté au chœur et chanté l'*Alleluia* avec l'autre religieux désigné pour cet office. Revenu à lui, il se découvrit la tête, et continua son sermon sans émotion apparente. Ce prodige opéré autrefois en faveur de Saint Ambroise, accordé depuis peu à Saint François, est constaté par des témoignages nombreux et irrécusables [2] ; il ouvre la série des innombrables prodiges que Dieu fera en France, en faveur ou par l'intermédiaire de notre célèbre Thaumaturge.

La fête de Pâques était passée, les prédications

____

[2] Wading. Bolland. Azzog.

d'Antoine avaient eu un plein succès, l'hérésie était broyée ; à Montpellier la Foi avait repris son empire, les mœurs étaient redevenues chrétiennes, le libertinage avait cessé ou se cachait ; l'ardent apôtre courut sur un autre champ de bataille.

Toulouse était le foyer, le centre de l'hérésie Albigeoise ; Antoine se dirigea vers Toulouse, prêchant selon son habitude, et comme le divin Maître faisant le bien en passant. C'était vers la fin du mois de mai ou au commencement de juin 1224.

A peine arrivé dans cette ville, il ouvre une chaire de Théologie et s'efforce d'éclairer et de ramener les sectaires nombreux et puissants dans cette ville ; ils étaient soutenus par Raymond VII, comte de Toulouse, qui s'était déclaré le protecteur des hérétiques. Mais ni la puissance, ni le nombre ne purent résister à la dialectique de notre docteur. Il prie, il fait pénitence, il prêche et sa voix éloquente porte la conviction et transforme tout. Le *marteau des hérétiques*, ici comme ailleurs, écrase l'impiété ; Antoine a le bonheur de recueillir des fruits immenses de salut, et la consolation de réconcilier avec l'Eglise catholique un grand nombre de sectaires, vaincus par son éloquence impétueuse et par les prodiges qu'il opérait.

Plusieurs auteurs croient que le grand miracle de la mule adorant la divine Eucharistie, eut lieu à Toulouse ;

d'après les annales des Frères Mineurs, quoique ce prodige soit certainement hors de doute, on ne sait pas d'une manière positive l'endroit où il eut lieu en France ; dans ces conditions, nous préférons, avec le Père Dirhs après Wading, le réserver pour la ville de Bourges qui le revendique : ces deux auteurs si graves se fondent sur le récit que fait du prodige, Pierre Rosset poëte Parisien, qui vint à Bourges à une époque peu éloignée de celle où vivait notre Thaumaturge ; du reste on croit que ce miracle fut renouvelé par Antoine à Rimini.

Les étonnantes merveilles qu'accomplissait le zèle du célèbre Franciscain avaient rendu le nom et le ministère d'Antoine très-populaires dans toute la France. Le Midi, si tourmenté qu'il venait de pacifier, l'acclamait comme un envoyé de Dieu ; les faibles avaient été vengés par lui de l'oppression des grands, et les impies se prosternaient convertis aux pieds de Jésus-Christ, lorsqu'il reçut ordre de se rendre comme Gardien au *Puy-en-Velay*, pour y gouverner une maison de ses Frères, et y annoncer la parole de Dieu. C'était vers le mois de novembre 1224 : Antoine partit sans hésiter.

Ses frères furent heureux de recevoir ce grand serviteur de Dieu dont le nom était dans toutes les bouches. Il les dirigea avec tant de prudence, il se montra si bien le plus humble de tous, qu'ils firent, sous un tel guide, les plus rapides progrès dans la vie religieuse. Mais le feu de l'amour de Dieu et des âmes dévorait l'apôtre : il recommença ses prédications, évangélisant la ville et ses environs.

Comme toujours, la foule se précipitait sur ses pas et était avide de l'entendre. La sainteté de sa vie, la puissance de sa parole, ramenèrent à Dieu de très-grands pécheurs, et lui concilièrent bien vite l'estime et la confiance de toute la ville. Il put dès lors se livrer au ministère de la direction, et conduire un grand nombre d'âmes dans les voies de la perfection chrétienne.

Il y avait dans ces contrées une foule d'usuriers, juifs pour la plupart. Ils exploitaient indignement la misère qu'avait laissée après elle, la guerre de Louis VIII contre les hérétiques du midi, guerre qui ne finit que plus tard par la défaite de Raymond, comte de Toulouse. Antoine prit en mains la défense de l'humanité opprimée : il prêcha fortement contre ces sordides exploiteurs, et répandit partout la défiance contre eux ; ses discours, sanctionnés par des miracles éclatants, lui acquirent une autorité immense dans le pays : écoutons les chroniqueurs.

En ce temps là vivait dans la ville du Puy, un notaire qui n'était ni impie ni ennemi déclaré de l'Eglise, mais faible et esclave de ses passions ; or, il rencontrait souvent dans les rues le pieux gardien des Frères Mineurs : il remarqua avec étonnement que chaque fois qu'il passait près de lui, l'homme de Dieu se découvrait repectueusement, et souvent se mettait à genoux. Les égards affectés d'Antoine contrarièrent vivement cet homme voluptueux qui évita de son mieux le missionnaire. Toutefois un jour, malgré ses précautions, il se trouva en face de notre bienheureux ; celui-ci, selon son habitude, le salua et se mit même à genoux : ne se contenant plus, le notaire furieux apostrophe Antoine, et lui dit : « *Que vous ai-je donc fait, pour qu'à chaque* » *rencontre, vous vous moquiez ainsi de moi? Si je* » *n'avais pas craint la justice de Dieu, il y a longtemps* » *que je vous aurais percé de mon glaive !* »

Antoine, toujours calme, lui répondit avec douceur : « *Mon Frère, j'honore en vous le martyr de Jésus-* » *Christ. J'ai désiré ardemment de verser mon sang* » *pour mon Dieu, il ne l'a pas voulu ; quant à vous,* » *le Seigneur m'a révélé que, bientôt converti, vous le* » *confesseriez publiquement, et que vous scelleriez cette* » *confession de votre sang ; souvenez-vous de moi, je* » *vous prie, dans cet heureux moment.* »

Le notaire, comme on le pense bien, ne s'attendait guère à un semblable langage ; aussi croyant avoir affaire à un fou, il se prit à rire et continua son chemin. Cependant c'était bien une vraie prophétie qu'avait faite

Antoine ; en effet quelque temps après, ce notaire se convertit, et accompagna, avec plusieurs Prêtres et Frères, l'Evêque du Puy parti pour faire un pèlerinage en Palestine , et y prêcher la foi aux Musulmans. Dans une discussion avec les gens du pays , notre notaire fit une profession de foi catholique, exécrant l'imposteur Mahomet. Saisi sur le champ, il fut soumis pendant trois jours aux tortures les plus cruelles, et le lendemain conduit au supplice ; c'est alors qu'il déclara à ses compagnons que Frère Antoine gardien du couvent du Puy lui avait prédit le Martyre. (1)

Ce fut à cette époque, sans doute au commencement de l'année 1225, que notre zélé franciscain fonda le Couvent de Brioudes que plusieurs confondent avec Brive en Limousin. (2) Les miracles se multipliaient sous les pas de l'Apôtre, aussi les habitants de toutes les contrées qu'il avait traversées le vénéraient-ils comme un saint : ils recouraient à lui, et rarement en vain, dans tous leurs besoins spirituels et temporels.

Une Dame appartenant à l'une des principales familles du Puy, craignant pour ses couches qui étaient prochaines, se recommanda aux prières du Saint ; celui-ci se recueillit devant les saints Autels et revint annoncer à cette Dame qu'elle donnerait heureusement naissance à

____

(1) Annal. min. Angel. de Vic.
(2) Brioude, du latin Brivates, um. Brive, Briva, œ.

un fils qui serait un jour Frère Mineur et Martyr de Jésus-Christ. L'évènement justifia à la lettre cette prophétie, car *Philippe*, ainsi fut nommé le fils de cette Dame, devenu plus tard religieux et prêtre, fut décapité pour la foi à Azoth en Orient, après avoir enduré sans faiblesse les plus horribles tortures.

Un pauvre fou, entra un jour dans une église, pendant que notre grand Missionnaire parlait ; il se mit à la parcourir, en s'agitant et en parlant lui-même tout haut de façon à troubler l'auditoire. Antoine lui fit signe d'approcher, et lui tendit l'extrémité de sa corde ; à peine, le pauvre fou l'eut-il touchée qu'il recouvra miraculeusement l'usage de la raison et remercia publiquement son bienfaiteur. (1)

Une autrefois, nous disent les mêmes auteurs, une femme très-dévote, désirait vivement suivre l'Apôtre qui devait prêcher hors de la ville ; son mari s'y opposa formellement, elle dut se résigner, mais, dans son regret, elle monta tristement au grenier de sa maison et se dirigea vers une ouverture d'où son regard pouvait plonger sur l'endroit où le Saint devait prêcher. Dieu ! quelle merveille ! elle entend distinctement la voix du prédicateur, elle suit tout son discours aussi bien que si elle se trouvait dans l'auditoire ! elle bénissait intérieure-

(1) Ann. min. anno 1231 ;

ment le Seigneur de ce prodige, quand son mari étant survenu, lui demanda ce qu'elle avait à faire si long-temps à cette fenêtre: « *J'écoute le sermon du Père Antoine,* dit-elle, *avec bonheur*; » il crut à une plaisanterie de mauvaise humeur ; mais poussé soit par la curiosité, soit par le désir de trouver une bonne occasion de se moquer de sa femme, il vint la rejoindre ; quel ne fut pas son étonnement, lorsqu'il distingua lui-même très-clairement la voix d'Antoine ! dès lors il laissa à sa femme la liberté d'assister aux sermons du P. Antoine, et se fit un devoir d'y aller lui-même.

On s'adressait à lui de tous côtés ; mais le ministre de la Province l'appela à Arles où devait avoir lieu un chapitre provincial.

Antoine se rendit dans cette ville : c'était dans le courant de l'été 1225. Chemin faisant, il évangélisa les les populations qui se trouvaient sur son passage : les fatigues semblaient raviver et faire croître son zèle. Il flétrissait les vices avec plus de vigueur que jamais, proclamait avec une onction nouvelle les miséricordes de son Dieu, et inculquait la dévotion envers la T. S. Vierge, qu'il aimait lui-même de l'amour le plus tendre.

A Arles , il fut reçu par ses Frères avec toute la déférence et l'admiration que méritaient ses vertus et ses travaux apostoliques. Les égards dont il était entouré troublaient son humilité : s'estimant le dernier de tous, il aurait voulu passer inaperçu.

Sa grande réputation le désigna tout naturellement à ses supérieurs pour remplir le ministère de la prédication aux Frères réunis. Ce choix eut l'approbation unanime, tous étaient désireux de recevoir les conseils d'un tel Maître et de profiter de sa haute expérience dans les voies de Dieu.

La parole d'Antoine produisit sur ses Frères, comme sur les simples fidèles des impressions ineffaçables ; du reste le Seigneur manifesta par un prodige combien la doctrine d'Antoine lui était agréable, et combien l'esprit de ce Saint Religieux était conforme à celui de Saint François. Un jour, pendant que l'éminent Frère Antoine commentait en chaire ces mots : *Jésus de Nazareth, roi des Juifs*, un saint religieux, Frère *Monald*, ayant, par hasard, tourné les yeux vers la porte de la salle capitulaire, aperçut Saint François [1] : le Patriarche séraphique lui apparaissait élevé en l'air, les bras en croix et bénissant l'assemblée. Tous les Frères ressentirent une si douce joie, et un contentement intérieur tel, qu'ils ne doutèrent point de la vérité du récit de cette vision, que leur fit ensuite *Monald*. La présence miraculeuse de leur Saint Fondateur, fut confirmée par le témoignage du Saint lui-même.

---

(1) Azzoguidi, note 36.

Avant de quitter cette terre, Saint François avait voulu, par une faveur divine, bénir une dernière fois ses enfants réunis en chapitre, et réjouir l'âme d'Antoine, son fils bien-aimé, *son Evêque.*

Antoine était gardien du couvent du Puy, lorsqu'il avait été mandé à Arles. Pendant son guardianat, il avait déployé un zèle et une activité incroyables ; on se demande comment en si peu de temps il pouvait suffire aux travaux de tout genre qu'il entreprenait. Ah ! c'est qu'il ne perdait pas un instant ! le temps il le devait aux autres ; cela explique la possibilité du grand nombre de ses prédications, des conversions qu'il opérait et qu'il soutenait, des fondations qu'il faisait en passant. A Arles, Antoine fut nommé Custode de la Province de Limoges. Il se rendit promptement dans cette ville, comme s'il avait eu le pressentiment qu'il n'y resterait pas long-temps, et que les mois de son séjour en France étaient comptés. En effet c'est de Limoges qu'il devait partir, pour rentrer en Italie ; ce pays est donc le dernier que l'homme de Dieu ait habité dans sa mission en France : c'est le dernier qu'il a évangélisé ; mais c'est peut-être aussi celui où il s'est le plus multiplié pour le salut des âmes, et sans contredit celui où il a opéré le plus de mer-veilles ; le bon Dieu semblait vouloir suppléer au temps qui allait manquer à son serviteur, par une plus grande abondance de miracles. Ah ! c'est une prédication puissamment éloquente que le miracle ! Elle s'étend au loin comme une huile de bénédiction ; les impies, devant ces écrasantes manifestations du surnaturel, ou se convertissent, ou gardent le silence.

Donc Antoine se met à l'œuvre : sa parole éloquente retentit sous les voûtes de la vieille cathédrale de Saint-Étienne : les consciences sont fortement agitées et les conversions abondent. La foi mieux conservée qu'ailleurs dans toute sa pureté, sur la terre de Saint Martial, pouvait être assoupie, mais elle n'attendait que l'étincelle pour se réveiller et pour redevenir ardente, or la parole de l'illustre Fransciscain est un brandon étincelant, les populations se précipitent sur les pas de l'Apôtre.

Nous l'avons déjà observé, le miracle se fait entendre de plus loin que la parole, et ce grand *Semeur de miracles* n'a été nul part plus prodigue que dans notre catholique Limousin. Nous raconterons ici ceux qui sont généralement admis, ou qui nous paraîtront incontestablement prouvés.

Il gouvernait depuis quelques jours à peine, son Couvent de Limoges, lorsqu'il apprend par inspiration intérieure, qu'un jeune novice, nommé Pierre, sur lequel il fondait de grandes espérances, est découragé et sur le point de quitter le Couvent. Antoine le fait venir, l'embrasse avec tendresse, et, soufflant sur son visage, lui dit : « *Recevez le Saint Esprit.* » A ces mots, Pierre tombe comme foudroyé aux pieds du Saint. Celui-ci le relève avec bonté, et lui ordonne de reprendre ses sens ; cependant plusieurs Frères étaient accourus au bruit de sa chute ; revenu à lui, le Jeune Novice raconte qu'à la voix du Père, il s'est senti ravi dans un monde merveilleux, au milieu des chœurs angéliques, et qu'il a vu des choses ravissantes ; il allait les décrire, lorsque Antoine l'arrêta et lui dit de remercier le Seigneur de sa miséricorde. Pierre se tut ; dans la suite il n'éprouva plus aucune tentation de découragement ni de tiédeur pendant sa longue vie dans l'Ordre de Saint François et mourut en saint religieux.

Tous les succès apostoliques d'Antoine, sanctionnés par des prodiges éclatants, faisaient de lui, l'apôtre désiré. A peine avait-il terminé sa mission dans une ville qu'il était réclamé dans une autre. Au milieu des guerres de religion qui désolaient la France, les âmes des uns avaient été fortifiées, sans doute, mais celles des autres avaient souffert beaucoup, et la piété avait reçu chez le plus grand nombre, de rudes atteintes. D'un autre côté, l'hérésie vaincue sur plusieurs points, relevait ailleurs la tête et devenait plus menaçante. Bourges infesté par les Albigeois, demanda le puissant missionnaire, et Antoine reçut ordre d'aller évangéliser la ville de Bourges, et d'y prêcher, la station du carême 1226.

On croit généralement que c'est vers cette époque, qu'Antoine se livra exclusivement au ministère apostolique ; du reste la nature et la grâce semblaient l'avoir formé pour ce genre de vie si pénible, mais si salutaire. Un extérieur distingué, des manières aisées et polies lui gagnaient vite les sympathies générales. Sa voix était forte et agréable, sa mémoire prodigieuse, son action pleine de grâce. Très-versé, comme nous l'avons vu, dans la connaissance des Saintes Ecritures, le texte sacré devenait pour lui une source féconde de lumières qu'il répandait avec une onction et une énergie admirables : de là l'éclat et les élans de son éloquence soutenue et confirmée par la puissance des miracles.

Lorsque Antoine fût arrivé à Bourges, il se mit immédiatement à l'œuvre. La ville qui le connaissait déjà de réputation, fût bientôt ébranlée ; son courage et son zèle lui valurent là encore ses triomphes habituels sur l'impiété : appuyée par d'éclatants prodiges, sa parole était irrésistible, elle fortifiait les fidèles, effrayait les coupables et terrassait l'hérésie. L'affluence à ses prédications devint si considérable, que nulle église, nulle place dans la cité ne pouvait contenir la multitude.

L'Evêque, ramené par le zèle du vaillant apôtre, des défaillances de la foi à une orthodoxie irréprochable, l'Evêque, dis-je, et le clergé organisèrent une procession et se rendirent avec une immense multitude de fidèles, dans un vaste enclos situé près de la ville. Le temps était magnifique : l'infatigable et éloquent Franciscain, monta sur un tertre, d'où, dominant son innombrable auditoire, il parla à ce peuple si avide de l'entendre. Tout à coup un mouvement d'anxiété et de frayeur agite ces rangs pressés, jusqu'alors si paisibles et si attentifs : Antoine ne s'était pas aperçu que des nuages lourds et chargés de foudre avaient couvert le ciel si serein tout à l'heure. Des éclairs sinistres déchirent les nues, un orage effroyable est imminent; chacun veut regagner sa demeure ou se mettre à l'abri ; alors Antoine élevant la voix, s'écrie : « *Arrêtez, de-* « *meurez à vos places, et je vous réponds que pas une* « *goutte d'eau ne tombera sur vos têtes !* »

Le saint a parlé, chacun se rassure et garde sa place sur la parole du Thaumaturge ; aussi bien la pluie et la grêle tombent à torrents autour de l'auditoire respecté : aucun des assistants ne fut mouillé. A la vue de ce prodige, la foule rendit grâce à Dieu et promit d'être fidèle aux conseils de son puissant serviteur. [1]

---

(1) Wading.

Plusieurs auteurs rapportent qu'un fait semblable s'est passé à Limoges ; voici ce qu'en dit Marc de Lisbonne, nous citons, en laissant le style et l'orthographe de son ancien traducteur :

« Un jour, comme Saint Antoine devait prêcher à Limoges, il s'assem-

Les habitants de Bourges furent encore témoins d'un
fait prodigieux qui décida du triomphe d'Antoine sur
l'hérésie. Plus d'une fois déjà dans ses enseignements,
l'Apôtre avait confondu les hérétiques, cependant un
jour, après une prédication, un d'entre eux, juif d'origine, influent et obstiné, proposa au missionnaire une
controverse publique sur l'adorable Sacrement de l'Eucharistie ; le vaillant Frère Antoine accepta volontiers ;
et au jour fixé, Guiald, ou comme on dit aujourd'hui
Guillard (c'était le nom de l'hérétique), se présenta
à Antoine au lieu convenu. La discussion s'établit mais
elle fut assez courte ; pressé par la logique vigoureuse
et impitoyable de l'apôtre, l'hérésiarque fut vite ébranlé ;

» bla une telle affluence de peuple, qu'il n'y avait aucune église en la
» ville qui le pût contenir, tellement qu'il fut contraint de faire sa prédi-
» cation en un lieu découvert. Au milieu d'icelle, le ciel se troublant, la sé-
» rénité du temps se changea aussi, car il commença à esclairer et tonner
» furieusement, puis le ciel se vit couvert de grosses et épaisses nuées fort
» noires, tellement qu'il y avait apparence d'une prochaine pluye, fort
» impétueuse ; ce qui occasionna l'assistance de penser à se retirer à cou-
» vert. Saint Antoine les pria de ne bouger, les assurant qu'ils ne souffri-
» raient aucune incommodité, moyennant qu'ils se confiassent en Celuy,
» les espérances duquel ne furent jamais vaines. A ces paroles le peuple se
» rassura, et acheva d'oüyr le reste de la prédication laquelle finie, chacun
» sortant de ce champs où avait autrefois esté un fort ancien Palais, appelé
» par les Gentils, le camp d'*Areas* (1) pour aller chez soy, on fut étonné

(1) Aujourd'hui la Place des Arènes.

» de voir que tout autour d'iceluy les rues étaient noyées, et pleines de
» ravage d'eau qui estait tombé du ciel, sans qu'il en fust vue une seule
» goutte au dit champ, par un miracle signalé. »

ses efforts pour embarrasser Antoine rendirent sa défaite plus complète , il fut terrassé. Cette victoire publique de l'apologiste catholique, humilia profondément le sectaire vaincu. Tout à coup, celui-ci se ravise, et s'adressant à son vainqueur, il lui dit : « *Laissons là les* » *discours, et venons aux faits ; si vous démontrez par* » *un prodige public la présence réelle de Jésus-Christ* » *dans l'Eucharistie, je jure que je me fais Catholique.* » — « *J'ai pleine confiance en mon Sauveur*, répondit » Antoine, *il m'accordera ce que vous me demandez,* » *pour le salut de vous tous.* » — « *Eh bien !* reprit » l'hérétique, *j'ai une mule, je la priverai de nourriture* » *pendant trois jours, alors je la conduirai ici même, de-* » *vant tout le peuple et je lui présenterai des aliments ;* » *vous de votre côté, vous vous présenterez au même* » *endroit, portant le corps du Seigneur, comme vous* » *l'appelez : si l'animal laisse les provisions et se pros-* » *terne devant le Saint-Sacrement, de nouveau je le* » *jure, j'embrasse la religion catholique.* »

Antoine sentant en lui la puissance d'en haut, accepte le défi, et se retire pour implorer dans le jeûne et la prière, l'assistance divine, dans une si terrible occurrence. « *Seigneur*, disait-il , *daignez manifester* » *votre puissance, pour ouvrir les yeux à tant d'infor-* » *tunés, esclaves du démon.* »

Au jour fixé, une foule immense était réunie sur la

place convenue ; Guiald ou le Guillard suivi d'un grand
nombre de ses partisans, s'avance conduisant sa mule.
Antoine finissait la Sainte Messe dans un oratoire voisin : bientôt on le voit apparaître escorté de quelques
fervents catholiques, la foule des fidèles attendait sur la
place. Portant en ses mains l'ostensoir dans lequel repose
la Sainte Hostie, il s'avance majestueusement et récite
des hymnes et des prières. Va-t-il à la confusion ou au
triomphe ? Sa confiance nous est un gage du succès :
les saints ne sont téméraires qu'aux yeux des hommes
à courte vue, et qui vivent trop, hélas ! en dehors de
Dieu !

Arrivé au lieu désigné, le prêtre s'arrête ; on amène
devant lui l'animal auquel on offre de la nourriture ;
alors, Antoine, élevant la voix, apostrophe, en ces termes,
la mule affamée : « *Au nom et par la toute-puissance*
» *de ton créateur que je tiens ici entre mes mains,*
» *malgré mon extrême indignité, je t'ordonne de témoi-*
» *gner à celui qui t'a créée, le profond respect qui lui*
» *est dû, afin que ces hommes égarés soient convaincus*
» *que toute créature est soumise au Dieu fait homme, qui*
» *descend sur nos autels, à la voix du prêtre.* » Au
même instant, ô prodige ! l'animal quitte sa nourriture,
s'approche d'Antoine, courbe la tête, et se prosterne
à terre devant la Sainte Eucharistie : les catholiques
haletants, poussèrent un cri de victoire et de bénédic-

tion. et les hérétiques battus de toute manière se retirèrent couverts de confusion.

Le Guillard tint parole, il se jeta aux pieds d'Antoine, adora le T.-S.-Sacrement, puis il se fit baptiser avec toute sa famille : quelque temps après il fit bâtir en l'honneur de Saint Pierre une église qui subsiste encore. (1) Au dessus du portail, dans l'intérieur de cette église, est scellée dans le mur une pierre, sur laquelle est gravée la scène prodigieuse que nous venons de décrire ; il y a aussi une chapelle dédiée à Saint Antoine, dans laquelle se trouvent deux vitraux, l'un rappelant ce même fait et l'autre le miracle de l'orage. Cette église porte encore aujourd'hui le nom de Saint Pierre-le-Guillard.

Antoine avait terminé sa mission à Bourges ; son éloquence, les merveilles que nous venons de raconter, et beaucoup d'autres encore avaient provoqué de la part des habitants de cette ville, et dans toute la contrée, une vénération enthousiaste pour l'incomparable Thaumaturge. Il dut toutefois revenir en Limousin où le rappelaient les obligations de sa charge.

Antoine ne négligeait aucune occasion d'annoncer la parole de Dieu ; quand les soins qu'il devait à son Couvent lui en laissaient le loisir, il parcourait les

---

(1) Pierre Rosset, dans Wading.

localités voisines de Limoges répandant les trésors de science et de sainteté dont il était le fidèle dépositaire ; dans une de ces courses, il s'arrêta un jour à Saint-Junien pour y fonder un couvent de son Ordre.

Appelé à prêcher dans cette petite ville, et voyant que l'église était trop petite pour contenir la foule des fidèles qui s'étaient réunis de tous les environs, il résolut de prêcher en plein air, et fit ériger une estrade sur la place publique : de là il pouvait se faire entendre de tous. Avant de commencer sa prédication, Dieu lui révéla que le démon jaloux du bien qu'il allait procurer aux âmes par sa prédication, chercherait à troubler l'exercice, mais qu'il n'y aurait de mal pour personne. Antoine prévint son auditoire, et plein de confiance en l'avertissement d'en haut, il commença son discours ; rien ne faisait prévoir le tapage annoncé, lorsque, avec un horrible vacàrme, l'ange de ténèbres renverse soudain l'estrade et Antoine : tout naturellement, il y eut un moment d'angoisse et de crainte, mais ni le prédicateur, ni personne n'avaient reçu de blessure, et l'on reconnut que l'apôtre était doué de l'esprit de prophétie : il fit rapidement dresser deux planches, monta dessus et continua son instruction qu'on écouta peut-être plus religieusement, et qui produisit des fruits merveilleux.

Un autre jour, passant près de Solignac, il voulut en visiter l'abbaye ; la renommée y avait déjà porté son nom, aussi y fut-il reçu avec les plus grands égards par le R. P. Abbé ; invité sans doute à adresser une exhortation pieuse aux religieux, Antoine les ravit autant qu'il les édifia. Un de ces moines le consulta sur l'état troublé de son âme : ni les prières, ni les jeûnes, ni les disciplines les plus douloureuses ne pouvaient le délivrer des vexations importunes et des tentations horribles dont le démon le poursuivait ; ce pauvre religieux exhalait sa peine en versant d'abondantes larmes. Touché de compassion pour ce malheureux, le Thaumaturge quitte sa tunique et en revêt le moine. A l'instant même, celui-ci sentit une force surnaturelle l'envahir, et ses tentations disparurent : la joie et le calme succédèrent au trouble et aux larmes.

A Limoges, une femme très-pieuse et très-dévouée aux Frères Mineurs, leur avait apporté quelques provisions (on sait que les enfants de Saint François, pauvres volontaires, vivent d'aumônes), elle s'attarda un peu, et la nuit arrivait déjà lorsqu'elle rentra dans sa maison. Son mari très-irrité ne se contenta pas de lui faire des reproches, mais se surexcitant lui-même, et sa colère croissant, il la frappa rudement, et finit par lui couper sa chevelure à laquelle elle tenait beaucoup. La malheureuse, obligée de garder le lit à cause des mauvais traitements qu'elle avait endurés, fit prier Frère Antoine de venir la visiter.

Celui-ci, dans sa grande charité, daigna accéder à la demande de cette pieuse femme, il la consola et l'exhorta à la patience. La pauvre femme se résigna et se recommanda aux prières du bienheureux, qui lui promit de se souvenir d'elle devant le Seigneur; rentré au couvent, Antoine accomplit sa promesse; au même moment, cette pieuse femme était guérie, et ses cheveux lui étaient rendus miraculeusement.

Les saints vivent autant que possible, en union avec Dieu, *ambula coram me et esto perfectus* ; ils cherchent toujours à coopérer à l'impulsion de la grâce, sans se préoccuper de savoir où elle les mène, ni de connaître le but que Dieu se propose : c'est là le secret de la sainteté. Dans ces conditions, des faits en apparence peu importants, ont pour conséquence souvent des manifestations imprévues mais éclatantes des miséricordes divines. Antoine promit un jour à une dame très-dévouée aux Franciscains, d'aller faire collation chez elle, après la prédication qu'il devait faire dans une des églises de Limoges. Très-désireuse d'entendre l'apôtre, cette bonne dame avait pris ses dispositions pour que tout fût prêt quand le Père Antoine viendrait après le sermon; elle partit ensuite, confiant à la servante la garde d'un tout jeune enfant que l'heureuse mère se proposait de présenter à la bénédiction du saint serviteur de Dieu.

Pendant son absence, la servante eut à sortir un instant dans le quartier, pour s'acquitter sans doute de quelque commission, et laissa seul le petit enfant. O abîme des vues du Seigneur ! la servante fut-elle à peine sortie, que le cher petit enfant voyant devant le feu un vase rempli d'eau, s'approche pour jouer, il trébuche et tombe la tête plongée dans l'eau, qui était bouillante : qu'on imagine s'il est possible, la douleur folle de la pauvre fille rentrant un moment après, et trouvant cet enfant mort ! Eperdue, elle se répand en lamentations déchirantes ; que dire à la malheureuse mère quand elle rentrera ? comment lui apprendre la cruelle vérité ?

Elle ne tarda pas à rentrer, cette mère heureuse de la faveur que lui a accordée le Père Antoine ; comme Marthe servit Jésus, ainsi elle se proposait de servir le saint imitateur de Jésus ! Mais, elle entend des cris, elle a le pressentiment d'un malheur ! la fille raconte ce qui est arrivé : elle n'a plus de fils, la pauvre mère !

Le cœur brisé par la douleur, elle prend son cher enfant, le couvre de ses baisers et de ses larmes ; néanmoins, femme chrétienne et forte, elle domine sa peine mortelle, et ne veut pas se priver de la visite qu'elle attend et dont elle s'honore ; elle porte elle-même son enfant dans un autre appartement, et le dépose sur un lit. Peut-être avait-elle l'inspiration que l'Apôtre aurait pitié d'elle ! quoiqu'il en soit, Antoine arrive, la collation est servie : vers la fin du repas, il semble regretter qu'on ne lui serve pas des pommes ; là dame s'excuse en disant qu'elle n'en a pas : « *S'il y en avait* » *à la maison , je m'empresserais de vous en offrir,* » *mon Père.* » — « *Mais si,* répond Antoine, *vous avez* » *des pommes, Madame , et de très-belles ; qu'on aille* » *dans cet appartement à côté, j'en vois d'ici un panier* » *tout plein.* » La pauvre dame, sur l'ordre du Père, se lève et va en tremblant au lieu désigné. O surprise ! ô bonheur ! comme sa foi est bien récompensée ! Elle voit son cher enfant couché dans une corbeille, entouré de pommes magnifiques, et en tenant une dans chaque main. Elle fait porter la corbeille au bon Franciscain qui reçoit une pomme des mains de l'enfant rendu plein de vie à son heureuse mère ! [1]

La bonté de notre glorieux Thaumaturge pour l'enfance était extraordinaire, elle lui a fait opérer en faveur de ces créatures si intéressantes, dans lesquelles la grâce du bon Dieu fait ses délices, un nombre de prodiges incalculable. Les mères chrétiennes ont une confiance absolue en Saint Antoine, nous en avons encore tous les jours des preuves aux Grottes près de Brive.

-----

[1] Nous tenons le récit de ce fait de Monseigneur l'Évêque de Tulle. qui est à lui seul, la tradition vivante des gloires du Limousin, et dont le sentiment fait autorité en ces matières comme en d'autres d'un ordre bien plus élevé.

Il semble que le divin Sauveur le préparait par cette ineffable tendresse, à l'incomparable faveur dont Il allait le glorifier Lui-même, sous la forme d'enfant, dans notre chère et catholique province du Limousin. Le prodige que nous venons de rapporter nous semble d'une délicatesse ravissante ; comment une mère vraiment chrétienne ne sentirait-elle pas la confiance la plus indomptable lui monter au cœur, en lisant les lignes suivantes : une mère éplorée court vers le Père Antoine, et lui dit en sanglottant qu'elle vient de perdre son enfant: il est mort. Emu de pitié, le Thaumaturge ne lui répond que par ces mots : « *Allez votre fils est guéri.* » C'étaient les paroles du Sauveur au *Régulus* de l'évangile ; elles furent puissantes dans la bouche du Serviteur, comme dans celle du Maître. En effet cette femme crut, revint chez elle, et trouva son fils bien-aimé jouant avec d'autres enfants de son âge.

Habitué à vivre en la divine présence, Antoine recevait dans ce saint exercice, comme une lumière surnaturelle qui lui faisait découvrir admirablement les ruses dont le démon se sert, pour détourner les âmes même pieuses, de la prière ou de l'accomplissement du devoir : en voici un exemple.

Il prêchait un jour dans un bourg du Limousin, quand, pendant la prédication, un homme habillé en courrier, vient précipitamment vers une noble dame, et lui remet une lettre très-pressante ; elle ouvre cette lettre et pousse un cri. On lui apprenait la mort subite de son fils unique ; inutile de décrire le désordre et le trouble occasionnés par cette terrible nouvelle. L'Apôtre éclairé d'en haut, fait un signe pour imposer silence et s'adressant à la mère désolée, il lui dit : « *Cessez, ma sœur, cessez* » *de vous chagriner, bannissez toute douleur, ce messa-* » *ger maudit n'est autre que le père du mensonge, votre* » *fils est plein de vie. En témoignage de ce que je vous* » *dis, j'ordonne à ce messager d'iniquité de disparaître* » *sur le champ.* »

A ces mots, le démon disparut en poussant un grand cri. Si l'ennemi de notre âme emploie toute sorte de ruses pour nous surprendre, il faut donc veiller pour n'être pas séduits ; qui que vous soyez, veillez et priez : la vigilance et la prière sont deux sentinelles avancées qui se soutiennent mutuellement ; ce n'est pas trop de toutes les deux pour vous aider à déjouer les perfidies de Satan qui veille, lui, constamment autour de vous !

C'est vers cette époque que Dieu renouvela en faveur d'Antoine, à Limoges, le miracle de la bilocation : il prêchait un jour dans l'église de Saint Pierre-du-Queyroix, lorsqu'il se rappelle, pendant le sermon, qu'il a oublié de se faire remplacer, au chœur de son couvent, pour le chant de la neuvième leçon de l'office ; il interrompt son discours, incline la tête pendant quelques instants, puis reprend le sermon au point où il s'était arrêté. Le bienheureux avait rempli son office dans l'église du couvent. (1,

Antoine se multipliait et dans la chaire et dans la direction des âmes, il visitait ses couvents, instruisant ses frères et les exhortant à tendre á la perfection religieuse. Son infatigable activité ne laissait pas que d'épuiser ses forces ; un jour donc, il accepta l'hospitalité que lui offrit un riche personnage des environs de Limoges, le seigneur de Chateauneuf; il espérait dans cette demeure isolée dans les campagnes, pouvoir se reposer quelques jours, loin du bruit et des distractions ; il venait chercher la solitude et la retraite qu'il aimait tant, et les moyens de vivre dans un commerce plus intime avec le Seigneur.

Or il arriva qu'une nuit, pendant que tout était plongé dans les ténèbres et dans le plus profond silence, le maître du château aperçut une lumière extraordinaire dans l'appartement qu'occupait le Serviteur de Dieu ; poussé par une curiosité que nous n'osons pas dire indiscrète, tant il en fut bien récompensé, il s'approcha sans bruit, de la porte, et regarda à l'intérieur par une fente légère. Dieu ! quelle merveille ! les éblouissantes clartés du Thabor illuminaient l'appartement ! Antoine recevait dans ses bras et pressait sur

---

(1) Marc de Lisbonne. Azzoguidi.

son cœur, un enfant de la plus grande beauté, qui jouait avec lui et le comblait des plus tendres caresses.

Le visage d'Antoine était transfiguré, il rayonnait de bonheur, et ses yeux ne pouvaient se rassasier de la vue du bien-aimé. L'hôte privilégié comprit de suite la nature du spectacle merveilleux dont il était témoin.

Il remercia intérieurement et adora en silence le Dieu fait enfant, qui, de son côté, apprenait à Antoine la pieuse curiosité du catholique émerveillé,

C'est ainsi que le Sauveur Jésus reposait et consolait son apôtre de toutes ses fatigues et de toutes ses tribulations. Marie se montrait sa tendre mère, et Jésus son ami. *Vos dicam amicos, vous serez mes amis,* disait Jésus aux apôtres.

Le lendemain Antoine et son hôte bienheureux, se redirent l'infinie condescendance du Sauveur envers de pauvres créatures, mais l'homme de Dieu recommanda instamment que le secret de cette apparition ne fut révélé à personne, tant que lui-même vivrait. En effet le témoin de cette merveille ne révéla son secret qu'après la mort de l'apôtre Franciscain, lorsqu'il en attesta la vérité, par serment prêté sur les Saints Evangiles. (1)

---

(1) Annales min. 8. 2. p. 250.

Châteauneuf est un chef lieu de canton de la Haute-Vienne, au nord de la Corréze. Le seigneur de cette famille, était allié aux plus puissantes

L'histoire nous apprend que plusieurs fois, l'auguste mère de Dieu apparut à notre Thaumaturge, et lui fit l'insigne faveur de déposer entre ses bras, l'enfant Jésus. La multiplicité de ces visions nous est expliquée et prouvée en quelque sorte, par la variété des gravures ou peintures que les anciens nous ont laissées, perpétuant la mémoire de ces ineffables apparitions.

Cette bonne Mère reconnaissait ainsi l'immense amour qu'Antoine avait pour elle, et consacrait l'enseignement et la doctrine de son illustre serviteur. C'est ainsi que la veille de l'Assomption, 1226, Antoine devait lire au chœur le martyrologe qui annonçait pour le lendemain, la mémoire de l'entrée de l'âme de la Très-Sainte-Vierge dans la g'oire ; mais nulle mention n'était faite de son corps virginal ; pour Antoine c'était une erreur ; il lui répugnait essentiellement d'aller proférer publiquement cette impiété ; que fit-il ? il profita d'une occupation qui lui permettait de rester en cellule, et ne se rendit pas au chœur ; aussitôt l'Auguste

---

maisons du Bas-Limousin, les Turenne par exemple ; il fut assez indiscret pour oser demander à Antoine ce qu'avait daigné lui révéler le Sauveur Jésus. L'humble serviteur de Dieu lui répondit alors : « *Jésus m'a fait* » *connaître que votre maison florirait et jouirait d'une grande prospé-* » *rité tant qu'elle resterait fidèle au catholicisme; mais qu'elle serait ac-* » *cablée de grands malheurs et s'éteindrait si elle devenait hérétique* » Cette prophétie s'accomplit à la lettre, dans le 16e siècle, lorsque le seigneur d'alors fit cause commune avec Turenne protestant, contre les catholiques. — (Bon. Saint Amable.)

Vierge lui apparaît et remet entre ses bras, l'Enfant Jésus, qui le comble de caresses. N'était-ce pas une approbation directe et manifeste du sentiment d'Antoine, sur le mystère de l'Assomption ? Aussi les pieux enfants de Marie appellent-ils de leurs vœux les plus ardents, la définition de ce mystère, comme vérité de foi !

Qui sait si elle n'est pas réservée au front vénérable du Grand PIE IX, la triple auréole de *définiteur* des dogmes de l'immaculée conception, de l'infaillibilité Pontificale, et de la glorieuse Assomption de la Très-Sainte Vierge ?

Mais l'illustre Franciscain était appelé à d'autres conquêtes et à d'autres gloires dans notre Limousin ; c'était probablement vers la fin d'octobre 1226, il quitte Limoges et se rend à Brive ; le temps presse l'étonnant apôtre ; et cependant, sur sa route, dont celle d'aujourd'hui n'est que la rectification, il rencontre bien des bourgades, et il les évangélise en passant. Pierre-Buffière, Masseret, Uzerche, Donzenac, entendent la parole du puissant missionnaire, qui ne savait pas compter avec la fatigue, quand il rencontrait des âmes. Ramener à Dieu des égarés, raffermir dans le devoir les fidèles, Tel est le but, tels sont les effets du zèle d'Antoine qui passe en faisant le bien.

Il arrive bientôt sur les hauteurs qui, au nord, dominent la ville de Brive : il est au milieu d'un ancien et gros village.

Son costume étrange le fait remarquer et entourer par les habitants, qui voyant sur sa poitrine la Croix du missionnaire, n'ont pas de peine à reconnaître en lui un homme de Dieu. L'Apôtre s'arrête, et leur rappelle les grandes vérités chrétiennes ; il leur parle de l'amour infini de Jésus-Christ et de la réciprocité que nous lui donnons par l'accomplissement de nos devoirs : *Qui diligit servat mandata ; celui qui aime Dieu, observe ses commandements.*

Nous ne voyons pas pourquoi, à la suite de sa prédication, et peut-être de quelque miracle, celui du vin par exemple, miraculeusement rendu, et meilleur, à la pauvre femme, qui offrit à Antoine et à son compagnon, l'hospitalité [1] , nous ne voyons pas pourquoi, il serait

---

[1] Tous les auteurs sont d'accord sur la réalité de ce fait, que dans un voyage, Antoine s'arrêta avec son compagnon, dans une maison, où il demanda à se rafraîchir ; la maîtresse de la maison , dans son empressement à servir les religieux, laissa le tonneau ouvert et le vin s'écoulait *bon train,* quand elle s'en aperçut ; elle dit tristement l'accident au Père Antoine qui la rassura , en lui déclarant que le tonneau était plein ; la bonne femme courut vite au cellier ; le Père avait dit vrai, et le vin était excellent. — Mais où se passa se fait ? Les auteurs ne le disent pas ; M. l'abbé Guyard croit qu'il a eu lieu à son retour en Italie, dans la Provence, mais ne désigne pas le nom de l'endroit. Nous n'affirmons rien de contraire, mais notre hypothèse nous semble vraisemblable : à quelques minutes de ce village fut établi plus tard un couvent de Récollets, aux Saulières.

invraisemblable qu'Antoine eût ordonné de construire,
ou que les habitants eussent construit une chapelle en
mémoire du passage du Saint en ce lieu, chapelle qu'il
aurait voulu être dédiée à son céleste Patron, le Père de
la vie érémitique. De là le nom de Saint Antoine que
porte ce village, au milieu duquel, les vieillards se
rappellent avoir vu les fondements d'une chapelle.
Tout a disparu aujourd'hui.

Quoiqu'il en soit, de ces cimes, alors couvertes de
vignes et de forêts, l'œil de l'Apôtre pouvait apercevoir
dans la plaine, la ville de Brive à laquelle il venait
apporter la paix et les miséricordes du Seigneur.

Cette ville coquettement assise sur la rive gauche de
la Corrèze, est située dans un gracieux et aujourd'hui
très-fertile vallon; elle a abattu ses fortes murailles
qui la protégeaient contre les attaques des Turenne et
des Malemort, et cherche à élargir son enceinte, en
envahissant les coteaux qui la couronnent au Midi.

Porus, le chef de la légion que César avait laissée à
Brive pour protéger ce passage si important du Midi au
Nord de la Gaule, Porus, disons-nous, avait fait bâtir
un fort considérable près le Pont-du-Bouys, par lequel
on franchissait la Corrèze; ce pont était situé un peu
en amont de la digue actuelle; il paraît qu'encore
aujourd'hui, par un beau temps, quand les eaux sont
claires et basses, on remarque très-bien les fondements

des piles de ce pont. C'est à cet endroit, sur la rive gauche de la rivière, et sur les terrains attenant à la ville, que la fille d'Euric ou Evaric, roi des *Visigoths*, fit bâtir des ruines du fort de Portis, une abbaye au vocable de Saint Barthélemy, sous la règle de Saint Césaire, Evêque d'Arles.

Cette abbaye fut détruite sous Clotaire, et il ne resta plus sur les lieux qu'un monceau de ruines. Toutefois, plus tard, on ne sait à quelle époque, quelques pierres furent ramassées, et l'on édifia, à côté du pont une chapelle qui eut titre de prieuré, et fut détruite à son tour, probablement dans le XV⁰ siècle, en même temps que le pont, pendant un des sièges acharnés que les seigneurs de Malemort, maîtres de tous ces terrains jusqu'aux fortifications, faisaient subir à la ville de Brive : en 1682, on voyait des pans de mur de cette chapelle, qui portait encore le nom de chapelle du Pont-du-Bouys.

Revenons à notre zélé Franciscain ; des hauteurs de Saint-Antoine, il descend par la vallée de Fadat, traverse le village de Migoul [1], arrive sur les bords de la Corrèze, près du Pont-du-Bouys qu'il traverse, salue en passant l'ange de la chapelle, et s'achemine vers la ville dont les portes s'ouvrent devant l'envoyé de Dieu. Sans doute, le bruit des merveilles qu'avait opérées

---

[1] Migoul ou Micoul, mi-colline, *medius collis.*

notre illustre Thaumaturge, était parvenu jusqu'à Brive, mais personne ne l'avait vu lui-même, personne ne le connaissait ; aussi sur leur passage à travers les rues, Antoine et son compagnon ne rencontrèrent-ils qu'une certaine curiosité, provoquée par l'étrangeté de leur costume, inconnu dans le pays.

Mais quand on sut que l'un de ces deux religieux était le Missionnaire éloquent, dont le nom était dans toutes les bouches, et que la Providence avait fait venir en France, pour prêcher avec la sainte liberté d'un Apôtre, la vérité, sans acception de personnes, aux grands comme aux petits, aux opprimés comme aux oppresseurs si nombreux et si forts dans ces temps-là, la foule se pressa sympathique autour d'Antoine ; elle semblait lui dire : « *Père, parlez nous !* »

CHAPITRE CINQUIÈME

—

—

Notre Apôtre éloquent était-il venu conduit par l'inspiration divine, ou bien poussé par le désir d'évangéliser le pays et fonder un couvent de son ordre? nous n'en savons rien ; toujours est-il qu'il prêcha à ce peuple si désireux de l'entendre ; probablement ce fut dans la basilique de Saint-Martin, que Saint Féréol, évêque de Limoges, avait fait reconstruire.

Il trouva dans son cœur, au milieu de cet auditoire

suspendu à ses lèvres, des accents nouveaux d'une éloquence si entrainante, qu'un habitant très-riche et très-religieux de cette ville, lui offrit spontanément toutes les ressources qu'il avait, pour la fondation d'un couvent de son ordre. (1)

Le bienheureux accepta, et l'on se mit à l'œuvre immédiatement ; mais, ajoutent les historiens de notre pays, ce fut un vicomte de Turenne, Raymond IV, qui devînt le véritable fondateur ; c'est en effet sur les terrains qui lui appartenaient que commença à s'élever ce couvent, le premier de toutes les nombreuses maisons religieuses qui devaient fleurir dans la ville de Brive.

Que fut-il ? que pouvait-il être tout d'abord, ce couvent ? sans doute la maison même de *Falceri*, qu'on disposa tant bien que mal, pour les nouveaux habitants et pour leur genre de vie. L'enclos était considérable, paraît-il, mais Antoine qui ne resta là que peu de temps, dut se contenter d'assurer l'abri à quelques frères et à un ou deux prêtres, leur laissant les constructions futures à édifier.

Une fois abrités, les Frères Mineurs travaillèrent

----

(1) Cet homme, que Wading et François de Gonzague, célèbres annalistes Franciscains, appellent *Quintus de Falcici*, et que Nadaud nomme *Guillaume Falieri*, donna tout ce qu'il possédait pour la construction d'un couvent de Frères Mineurs. Nous reviendrons sur le nom du fondateur dans l'essai historique sur le couvent.

immédiatement sans doute à la construction de la chapelle qui fut, quoique mal orientée (du nord au midi), l'un des côtés du carré que forma le couvent dans son ensemble. (1)

Que fait notre bienheureux apôtre à Brive ? Il s'occupe du monastère naissant, il forme par ses enseignements et ses exemples, les frères qu'il a fait venir, sans doute de Limoges, il les forme, disons nous, aux habitudes, aux sacrifices, à la régularité de la vie religieuse. Toujours exact à enseigner, il est encore plus fidèle à donner l'exemple. Condescendant sans faiblesse, il se fait tout à tous et se regarde comme le plus humble de ses frères ; il prouve en un mot la vérité de cette parole de nos Saintes Ecritures : *il est doux et agréable à des frères d'habiter ensemble, sous la loi du Seigneur.*

Mais de même que les épines naissent avec les roses, ainsi les épreuves naissent en quelque sorte, avec les œuvres voulues de Dieu ; elles sont pour les âmes fortes un gage de succès. En effet, Dieu est toujours près de ceux qu'il éprouve. C'est ici, nous pensons, la place d'un fait qui vient à l'appui de ce que nous venons de dire : voici ce que raconte Dalmeïda, historien Portugais.

Un jour Frère Antoine qui était par sa charge obligé

---

(1) Voir l'essai historique.

de pourvoir à la subsistance de ses Frères, n'avait rien à leur donner pour le repas ; il fit prier une bonne dame de la ville, de vouloir bien lui envoyer quelques légumes de son jardin. Touchée du dénûment des religieux, elle ordonna à sa servante de descendre au jardin et d'en rapporter tout ce qu'il fallait pour venir en aide au couvent. Or, en ce moment la pluie tombait à torrents. Cependant la fille n'hésita pas ; elle arracha un gros paquet d'oignons, les porta au couvent et revint chez sa maîtresse : elle avait fait toutes ces courses sans recevoir une goutte d'eau, malgré la boue et une pluie battante. Ce prodige fit grand bruit dans la ville et tous les environs ; il attira la bienveillance et la faveur de tous, aux bons Frères Mineurs. [1]

Nous croyons devoir faire remarquer ici, et expliquer un fait dont tous les ans nos compatriotes sont les témoins, et dont évidemment ils n'ont jamais songé à chercher le principe et la raison ; ce fait de peu d'importance de prime abord, nous semble à nous, très-grave, le voici : le dimanche de la Saint-Barthélemy, il y a de temps immémorial, sur la place Sainte-Ursule, autrefois des Frères Cordeliers, et le long du boulevard, un immense marché aux oignons ; eh bien ! nous demandons la raison des tas énormes de ce légume si com-

---

[1] Dalmeïda : Vida e milagres de Santo Antonio ; et presque tous les historiens de Saint Antoine.

mun, à cet endroit plutôt qu'ailleurs ; ce n'est pas, qu'on le croie bien, un effet du hasard ; c'est évidemment la consécration permanente du souvenir ineffaçable dans la mémoire des fidèles, du prodige opéré en faveur de la jeune fille, et que nous venons de raconter. Jeunes personnes de service, qui peut-être lirez ces lignes, apprenez, par cet exemple, à obéir avec empressement et sans explication à ceux que vous servez, de toute façon vous avez à y gagner ; vous le voyez, l'obéissance est une vertu que le ciel récompense, et aux yeux des hommes une qualité qui vous attachera ceux que vous servez.

Il nous semble très-vraisemblable que nôtre illustre serviteur de Dieu, visita pendant son séjour à Brive les religieux de l'abbaye d'Aubazine. Le nom si populaire d'Antoine, la réputation de son éloquence et de ses miracles avaient certainement franchi les portes du monastère ; les religieux devaient avoir un bien vif désir de voir et d'entendre le puissant Thaumaturge, et celui-ci qui aimait tant la solitude du cloître, dut aller s'y reposer quelques heures : il était si près ! aussi, nous aimons à nous le représenter, tantôt suivant les sinuosités de la Corrèze, tantôt se perdant dans les sentiers des grands bois, bénissant partout le Seigneur dans ses œuvres si poëtiques en ces lieux pittoresques. Déjà il a gravi les pentes si raides d'Aubazine, au sommet desquelles il rencontre une ruche d'âmes qui, plus heureuses que lui, servent le Seigneur dans la prière et le silence. Ah ! s'il doit s'édifier en présence de l'observation si fidèle de la règle en ce temps-là, qu'il entre dans le sanctuaire, le noble fils de Saint François, il édifiera les autres et leur proclamera avec toute la puissante éloquence de sa foi et de son expérience, la douceur et les saintes libertés du joug du Seigneur et de la discipline religieuse !

Du reste les populations des environs de Brive recherchaient, n'en doutons pas, la présence et les prédications du vaillant Apôtre. De son côté, il ne manquait jamais l'occasion d'ouvrir sur les âmes les trésors de la parole de Dieu, flétrissant énergiquement le vice, et encourageant les fidèles à la pratique des vertus chrétiennes. Qui nous dira aujourd'hui le nombre de personnes qu'il ramena et conserva dans les devoirs de la vie chrétienne ? Combien de puissants seigneurs (et ils étaient nombreux dans le pays), il fit plier sous le joug de Jésus-Christ ? combien de châtelaines, ses enseignements firent rougir, rentrer en elles-mêmes et changer de vie ? il rappela aux uns et aux autres, que depuis la divine victime du calvaire ils n'étaient que les protecteurs des faibles et des petits, et la providence des pauvres !

Dans ces temps où trop souvent comme aujourd'hui, la force était le droit, les apostoliques remontrances d'Antoine opéraient les conversions les plus extraordinaires ; elles étouffaient dans les cœurs aigris, les sentiments de haine et de vengeance, et provoquaient la plûpart du temps, même en public, la réconciliation entre des ennemis acharnés.

Cependant le nombre des frères augmentait au couvent des Cordeliers, tant était puissant l'attrait de la vertu d'Antoine, tant était sage et paternelle sa direction ! l'office pouvait se faire en chœur. Le grand Thaumaturge donna un jour une nouvelle preuve de sa perspicacité à découvrir et à déjouer les ruses du démon : Dalméïda [1] nous raconte qu'une nuit un des Frères venait de sonner l'office, et les religieux s'y rendaient lorsqu'ils virent plusieurs hommes armés d'instruments de fer, coupant les ceps et faisant d'horribles dégats dans la vigne d'un de leurs principaux bienfaiteurs. On courut aussitôt en avertir le Père Antoine, qui à la grande stupéfaction de tous, leur dit : « *Rendez vous au chœur, mes Frères,* » *rendez vous à la prière ; ceux qui semblent fouler* » *cette vigne ne sont autres que les démons qui* » *voudraient vous détourner de l'office. Dieu ne les a* » *pas autorisés à dévaster ces vignes ; vous verrez demain* » *que tout ceci n'est qu'une illusion par laquelle le* » *démon cherchait à vous distraire du devoir.* » Sur la parole d'Antoine, les Frères se rassurèrent et reconnurent le lendemain que ce qu'ils avaient vu, n'était qu'un artifice de l'ange de ténèbres.

---

[1] Dalméïda déjà cité.

Ce fut aussi dans la ville de Brive, qu'un jour Antoine éprouva une grande douleur, changée bientôt en une double joie. Il y avait au couvent un novice, qui, dégoûté de la vie austère et pénible de l'Ordre de Saint François, *s'enfuit* sans avertir de son départ. Or, il avait mis la main sur un manuscrit très-précieux de notre bienheureux, C'était son *Commentaire*, ou *Discours sur les psaumes* ; travail pieux et savant, et tout couvert de ses annotations ; le Saint y tenait d'autant plus, qu'il était comme nous l'avons dit plus haut, le répertoire unique de ses instructions, ou de ses conférences à ses Frères. Antoine fut très-vivement contrarié de cette perte ; il se mit aussitôt en prières, et supplia le Seigneur de lui faire retrouver son manuscrit.

Il fut bien vite exaucé, car peu de temps après, le coupable revint au couvent, et raconta qu'à peine arrivé sur les bords de la rivière (au Pont-du-Bouys évidemment), il était sur le point de passer à l'autre rive, quand le démon sous une forme hideuse et épouvantable s'était dressé devant lui : « *Je t'ordonne*, lui avait-il dit, *sous peine de mort, de rétrograder et de restituer sur le champ l'objet que tu as volé.* » Le jeune novice, en disant ces mots, se précipite aux genoux d'Antoine, le supplie, en pleurant, de lui pardonner sa double faute, et d'avoir pitié de lui.

L'heureux Gardien relève le jeune homme, l'assurant

qu'il est pardonné. Dieu venait de lui rendre son trésor et son Frère novice (1).

On croit généralement que ce fait est le fondement de la dévotion envers Saint Antoine, pour retrouver les objets perdus. Cette dévotion est répandue dans tout l'Univers; quelque étrange que cela puisse paraître, elle est un fait universel, que tous les raisonnements ou toutes les plaisanteries ne sauraient détruire; et il n'y a pas que les petits ou les ignorants qui s'adressent à Saint Antoine dans ces moments de peine, nous avons entendu des hommes très-intelligents de toute condition, nous dire leur foi, et nous raconter les faits les plus étranges et les plus heureux. Du reste, l'expérience est facile à faire; il s'agit tout simplement de réciter une courte prière à Saint Antoine, et l'objet égaré se retrouve; cela me réussit toujours, nous disait naguère un religieux très-distingué de la Compagnie de Jésus.

Damian, Frère Mineur, dans le second volume de la Chronique séraphique imprimée à Madrid, cite les mêmes faits; il remarque toutefois, que *quelques* auteurs placent ce dernier miracle à Montpellier (2).

____

(1) Dalmeïda, page 80 et suiv.

(2) Nous voyons encore ici une divergence dans la relation de ce prodige par les divers auteurs de la vie de Saint Antoine. Nous ferons remarquer que le fait lui-même n'est pas en question, la différence d'exposé ne

Voici comment cet auteur commence le récit de plusieurs miracles opérés par Saint Antoine pendant son séjour à Brive : « *A Brive, noble population de l'évêché* » *de Limoges, le saint était gardien d'un couvent, dont* » *il avait été aussi le fondateur.* » *En Briba, noble poblacion de el obispado de Lemonges, era Guardian el santo de un convento de quien tambien avia sido Fundador.*

Notre saint était tout entier au salut des âmes, et aux soins de la communauté naissante, près de laquelle il découvrit une solitude et des grottes qui le séduisirent ; il sentit renaître en son âme un vif attrait pour la retraite ; aussi bien s'y rendait-il toutes les fois que le devoir ne le retenait pas ailleurs. Souvent sans doute, après l'office de la nuit, il allait passer dans la contemplation et les rigueurs de la pénitence, les heures que les autres employaient à un sommeil, du reste bien légitime.

Que de fois les premières lueurs du jour vinrent saluer son retour de l'extase, et le ramener tristement aux réalités de la vie de ce monde ! Marc de Lisbonne, Wading, François de Gonzague nous disent qu'il avait

porte que sur le lieu de l'action ; nous croyons avoir trouvé la raison de ces nuances : c'est que presque tous les auteurs ont cherché les éléments de l'histoire de Saint Antoine dans les auteurs italiens, et n'ont pas assez tenu compte des auteurs Portugais ou Espagnols, qui, eux aussi, étaient à même d'être fixés sur la vie de leur illustre compatriote.

l'habitude de s'y retirer, *orationis et pœnitentiæ causâ*, *pour prier et y faire pénitence.* Il nous est agréable de donner ici, et nos lecteurs seront heureux, nous en sommes persuadés, de lire la traduction littérale du passage où Dalmeïda parle des heures que notre Thaumaturge passait dans ces grottes bien aimées.

« Notre prodigieux Antoine, dit-il, ayant obtenu ce
» qu'il désirait du Prélat de Bourges [1], retourna à
» son couvent de Lémoges, où après avoir disposé tout
» ce qui appartenait à la bonne administration de cette
» Maison, il céda à un nouveau *Prélat*, le gouverne-
» ment de ce même couvent, qu'il avait illustré par sa
» bonne direction et par l'éclat de ses vertus et de sa
» sainteté.

» De là, il se rendit à une noble population appelée
» *Bribas* qui faisait partie du même évêché de Lémo-
» ges. Là, dans une plaine déserte, il fonda un couvent
» de son Ordre, et après avoir bâti une église et quel-
» ques pauvres cellules pour les religieux, avec les
» indispensables dépendances et commodités pour la
» commune subsistance de tous, il choisit au site le
» plus éloigné et solitaire de l'enclos, une grotte pour
» lui, dans la nudité et l'aspérité de laquelle, *cet ange*
» *composa son ciel, cet aigle son nid, ce religieux sa*
» *cellule.*

____

[1] Nous en avons parlé plus haut.

» Comme il y avait là quelques gouttes d'eau qui
» coulait sans profit, n'ayant pas de maître, il s'appli-
» qua à l'employer pour lui servir d'aliment et d'inno-
» cente récréation, enseignant ainsi les hommes à être
» diligents et soigneux. C'est là que, de nouveau, il se
» livra tout entier à l'austérité de la vie solitaire, en-
» flammant héroïquement ses affections dans la con-
» templation divine, trouvant dans cette grotte le plus
» grand repos d'esprit ; l'absence des hommes et l'é-
» loignement du monde lui procurant la meilleure
» union avec Dieu, il savourait dans ces privilèges de
» la retraite les faveurs les plus spéciales du Ciel.... »

Pouvait-on dire d'une manière plus pieuse et plus exquise le séjour de Saint Antoine dans les grottes, qui depuis ont porté son nom ? [1]

Mais si notre angélique solitaire goûtait en paix les charmes de la retraite, le monde affamé de sa parole et avide de ses conseils, savait bien l'y trouver. Alors Antoine suspendait ses colloques avec son bien-aimé Jésus, et se retournant vers les foules, il répandait sur elles le trop plein de l'amour divin qu'il avait puisé dans ses ineffables extases : la tradition nous a conservé aussi le souvenir du fait de l'orage éclatant sur son immense

---

[1] Dalmeïda page 80. — Nous devons ces renseignements à la gracieuse obligeance de M. l'abbé Roume notre compatriote et notre ami, prêtre Lazariste à Lisbonne.

auditoire, et le respectant comme à Bourges et à Limoges, sur la prière d'Antoine.

Nous voulons rapporter ici un fait aussi extraordinaire que glorieux pour notre grand Serviteur de Dieu, et que constatent quelques uns de ses historiens les plus graves : il s'agit du fait de la strangulation d'Antoine par le démon et du secours que lui porta la Très-Sainte Vierge dans cette circonstance critique. Ce fait le voici :

L'esprit de ténèbres, ennemi irréconciliable de la gloire de Dieu et du salut des âmes, était jaloux du bien immense que faisait notre grand missionnaire ; il était furieux contre lui, parce qu'il lui arrachait tous les jours quelques âmes en les sortant de la corruption du péché, ou bien, parce qu'il déjouait ses ruses, en brisant ses machines de guerre, l'hérésie en particulier. Mais il était encore plus furieux à cause du mal qu'Antoine allait lui faire, en sauvant (l'expression n'est pas exagérée) l'ordre de Saint François, d'une ruine probable causée par les abus que commençait à introduire Frère Elie, en opposition formelle avec la règle et l'esprit de Saint François ; à cause de cela le démon avait voué à notre Saint une haine mortelle.

Or, un jour pendant qu'Antoine priait ou se reposait dans la solitude, le démon se présente, se précipite sur lui, le saisit à la gorge et cherche à l'étrangler. Le saint est sur le point de succomber, lorsque, dans sa détresse, il appelle à son secours celle qu'il n'invoqua jamais en vain, la Vierge Marie son Auguste Souveraine et Mère. Il commence à dire son hymne favorite *O gloriosa domina.* A peine a-t-il proféré ces paroles, que la Très-Sainte Vierge apparaît et ordonne au démon de se retirer, ce qu'il fit rempli de confusion.

Antoine était sauvé par l'assistance surnaturelle de Marie. Mais où donc s'est accompli ce prodige? Où donc a eu lieu cette consécration céleste des enseignements et de la sainteté de notre glorieux apôtre? Peu en parlent, et s'ils le font, c'est d'une manière si vague, si peu sûre que nous n'hésitons pas à réclamer ce fait comme la gloire de nos grottes. Wading dit bien que ce fait eut lieu à Padoue, mais il le dit en hésitant ; il semble prendre des précautions inutiles quand on est certain non seulement d'un fait, mais des circonstances et du lieu dans lesquels il s'est produit. « *Je rapporte,* dit-il, *un fait* » *non inventé ou mensonger, c'est le Saint lui-même* » *qui le confia à un de ses frères avant de mourir.* » Très bien ! mais quel est ce frère? où est le rapport de ce frère dépositaire du secret d'Antoine? Wading n'en dit rien ; or ce fait en vaudrait la peine ! Le frère a bien pu dire, (et nous croyons qu'il l'a dit), qu'Antoine lui avait révélé cette intervention de Marie en sa faveur, mais sans nommer le lieu qui en aurait été le témoin. C'est à Padoue, dit Wading ; ce n'est donc plus dans des grottes solitaires ? car à Padoue, il n'y a pas de grottes, et le saint habitait son couvent ! Or, disent d'autres auteurs, ce fait eut lieu dans des grottes ; nous le répétons, le fait en lui-même est hors de discussion, mais il n'a pas eu lieu à Padoue, et les circonstances dont Wading l'entoure, prouvent contre lui-même : en effet, tant jaloux que fut le démon des succès d'Antoine, c'est le faire exercer bien tard sa vengeance ; l'apôtre est à la fin de sa mission, il ne prêchera plus : il est à la fin de sa vie, presque aux dernières heures. Et encore, que reste-t-il d'un fait aussi prodigieux ? rien, et cependant il devrait en rester quelque chose : les faits de cette nature sont ordinairement attestés par des monuments, par des signes vivants qui parlent en quelque sorte : des chapelles rappellent encore aujourd'hui certains prodiges d'Antoine ; à Bourges, une église témoigne du miracle de la mule ; à Chateauneuf, le souvenir de l'apparition de Jésus à Antoine est encore vivant ; et du fait dont nous parlons, un des plus glorieux pour Antoine, il ne resterait rien ? C'est impossible ; aussi le revendiquons-nous pour notre terre Limousine, pour le poëtique et riche vallon de Brive où nous trouvons des monuments qui attestent clairement qu'il eut lieu aux grottes ; une tradition confuse, et un fait en quelque sorte palpable, vainqueur des siècles, des troubles et des révolutions, en ont conservé le souvenir ! Que le lecteur veuille bien suivre et peser notre raisonnement.

Un ancien auteur italien dit que cet événement eut lieu dans les dernières années de la vie d'Antoine, et dans une solitude ; le R. P. Ephrem Blondelet, récollet de Belgique, cite ce fait, en parlant des prodiges d'Antoine en Limousin ; tous ceux qui le rapportent conviennent qu'il fut l'effet de la rage du démon contre le bienheureux ; or, lorsqu'Antoine vivait à Brive et se retirait aux grottes en 1226, il n'avait plus longtemps à vivre, il mourut en 1231 ; à cette époque il opérait des merveilles de conversions, et il était sur le point de partir pour l'Italie. Observateur sévère et ami de la règle de Saint François, il allait être appelé à la défendre avec la plus grande énergie, même en présence du grand Pape Grégoire IX , ce qui, à part le bien qu'il faisait dans l'église, devait exciter la fureur du démon ; d'un autre côté, personne ne pourra nous citer des grottes habitées par Antoine en Limousin, autres que celles dites de Saint Antoine près Brive ; donc, nous sommes autorisés à conclure que le privilège de cette vision et de ce secours surnaturels, lui fut accordé sur notre territoire.

Ajoutons à ce raisonnement un fait, la présence en ces lieux, depuis des siècles, d'un autel consacré à la Très-Sainte Vierge, sous le vocable de *Notre-Dame-de-Bon-Secours* ; qui a mis là cet autel ? Pourquoi l'y a-t-on mis ? Il y est comme un témoignage séculaire de la reconnaissance du saint, et comme une attestation permanente du secours qui lui fut donné! Oui, nous le répétons, à nous cette intervention glorieuse et surnaturelle! Le vocable justifie notre prétention, et le fait explique le vocable de *Notre-Dame-de-Bon-Secours* !

Gloire à toi cité de Brive! sans doute, tu as le droit de t'énorgueillir de tes splendeurs naturelles! Sans doute, tu peux t'ébattre au sein de tes collines gracieuses qui t'étreignent comme d'une ceinture d'honneur ; mais tu as des gloires bien autrement resplendissantes ! un poète a pu t'appeler le *Portail du Midi* ; oh ! oui , *gloriosa dicta sunt de te* ! On a dit de *toi des choses merveilleuses !* J'aime mieux te dire, et que tu sois le vestibule du Paradis ! Allons ! là haut, sous ce rocher que tu aimes, la Reine des Vierges , la Mère de Dieu et des Hommes, la Souveraine du Ciel et de la Terre, a posé son pied qui a brisé la tête du serpent maudit; un jour Elle apparut à son serviteur Antoine , Elle parla dans ces lieux bénis, Elle y fit étinceler les lumières célestes ! Elle y laissa les parfums après lesquels sont accourues les populations ! Cette gloire en vaut bien d'autres ! Monte, monte à Saint Antoine , par le Serviteur tu iras à la Souveraine, et par la Souveraine à Jésus !

Mais les heures étaient comptées pour Antoine : il avait appris la mort de son Séraphique Père Saint François ; sa charge de Custode l'obligeait à se trouver à Assise au jour de la Pentecôte pour assister au Chapitre général, dans lequel le successeur du glorieux fondateur de l'Ordre des Frères Mineurs devait être élu.

Le bienheureux Patriarche des pauvres volontaires, avant de rendre son âme à Dieu, avait couvert de sa main vénérable et stigmatisée, la tête de Frère Elie son vicaire général : il l'avait béni , après avoir dicté en quelques mots, ce qu'on appelle le *Testament de Saint François* , où il recommande à Frère Elie et à tous ses religieux, d'une manière très expresse, sa bien-aimée Pauvreté, que son successeur devait mettre à une si rude épreuve : ensuite il se fit lire l'histoire de la Passion de Notre-Seigneur Jésus-Christ, et expira le quatre du mois d'octobre 1226, vers le soir.

Antoine avait donc reçu l'ordre de se rendre en Italie ; il disposa tout pour son départ, revint à Limoges, fit ses dernières recommandations à ses Frères, et leur dit son dernier adieu.

Il se mit en route pour Assise avec un compagnon de voyage, et dut repasser par Brive. C'était sa route pour aller à Marseille, ou mieux à Aigues-Mortes où il devait s'embarquer. Or, il voyageait à pied ; il s'arrêta dans notre ville pour consoler et encourager les habitants du dernier couvent qu'il avait fondé en France. Il les bénit d'une bénédiction plus affectueuse ; ce couvent n'était-il pas son Benjamin ! c'est pour cela sans doute qu'il y fut plus aimé, et que sa mémoire s'y conserva plus recherchée, puisqu'elle y est encore en vénération, au déclin du dix-neuvième siècle, comme nous le verrons ailleurs.

Allez donc, généreux amant de Jésus-Christ ! formidable défenseur de ses maximes et de son Eglise ! Allez où l'obéissance et Dieu vous appellent ! Semeur infatigable de la vérité, vos sueurs n'auront pas arrosé une terre ingrate ! vos enseignements, vos vertus et vos miracles se perpétueront d'âge en âge, et leur souvenir et votre bénédiction nous rendront forts et tenaces dans la conservation de notre foi catholique !

Si Brive ne vous élève pas des autels et des statues chefs-d'œuvre de l'art et de la fortune, si l'or et le marbre n'étincellent pas dans votre pauvre sanctuaire, *seul* rendez-vous de Pélerins que la piété et la reconnaissance vous aient élevé sur la terre de France, du moins votre nom restera populaire, béni et gravé dans tous les cœurs ! Les mères ont redit à leurs enfants de siècle en siècle, jusqu'à nos jours, que vous êtes bon et compatissant à ceux qui vous aiment et vous invoquent !

CHAPITRE SIXIÈME

—

Antoine quitte la France, fin janvier 1227. — Il prêche le carême
à Rome. — Mort du Pape Honorius III, 18 mars 1227. —
Élection de Grégoire IX. Antoine *Arca testamenti* — Visite au tombeau
de Saint François. — Carême à Padoue 1228. —
Apostolat merveilleux. — L'usurier et son cœur ! Hélène d'Enselmini.

—

Le chemin qui séparait Antoine du port où il devait
s'embarquer était bien long ; mais il savait rendre les
heures rapides, en conversant intérieurement avec son
Dieu, et en encourageant son compagnon de voyage,
par de fréquents entretiens spirituels. Il allait donc,
cheminant sous la garde de Dieu , et déjà il touchait au
port désiré sans que nulle rencontre fâcheuse eut en-

travé sa marche ; fait bien surprenant, car alors les chemins étaient peu sûrs dans le Languedoc. Les Albigeois en effet, avec la complicité sinon ouverte, du moins implicite de Raymond de Toulouse, parjure à la promesse formelle faite au Saint Siège, s'étaient de nouveau ralliés ; ils couvraient de leurs brigandages la malheureuse Provence. Les Catholiques étaient de nouveau en lutte avec leurs terribles persécuteurs, jusqu'à ce que la reine Blanche, mère de saint Louis, les eut soumis et rendus impuissants.

Nos deux interressants voyageurs arrivèrent donc, sans encombre, sur les bords de la Méditerranée à Aigues-Mortes, où ils s'embarquèrent pour l'Italie. Antoine salua pour la dernière fois ce beau pays de France, où il avait fait tant de bien, et confia, en passant, à Notre-Dame-de-la-Garde, à Marseille, la persévérance des âmes qu'il avait ramenées à Dieu.

Désormais, nous n'allons parler que des faits principaux auxquels participa plus ou moins directement notre saint Thaumaturge ; il fut de plus en plus merveilleux, et le détail, jour par jour, de sa vie en Italie, et des miracles qu'il y opéra, serait plein d'intérêt, mais trop en dehors, il nous semble, du but que nous nous sommes proposé. Aussi, loin de le suivre comme nous pourrions le faire, pas à pas, dans cette série de prodiges qu'il accomplit jusqu'à sa mort, nous ne nous arrêterons que sur quelques traits plus particuliers, qui suffiront à faire ressortir l'immense autorité qu'il avait conquise.

Antoine arriva à Rome vers la fin du mois de février; il s'empressa, soit à cause de ses affaires personnelles, soit par piété, d'aller se jeter aux pieds du vicaire de Jésus-Christ. Honorius III gouvernait alors l'Eglise; le Saint Père qui avait entendu parler des vertus et du savoir de notre prodigieux Thaumaturge, l'accueillit avec une bonté toute particulière, et voulut immédiatement mettre à profit l'éloquence de l'illustre missionnaire. Il lui confia la prédication de la station quadragésimale dans la ville de Rome.

Antoine, malgré son humilité, ne put se soustraire à cette honorable mission. A Rome les choses se passèrent comme partout ailleurs; un concours extraordinaire se fit autour de la chaire d'Antoine, et l'affluence des fidèles devenait de jour en jour plus considérable. Le Pape Honorius III, mourut dans cet intervalle, le 18 mars 1227; le lendemain les cardinaux élurent pour lui succéder, le cardinal Hugolin, évêque d'Ostie, qui prit le nom de Grégoire IX.

Ce grand Pontife, ami intime de Saint François, et depuis longtemps cardinal protecteur de l'Ordre Franciscain, n'oublia pas, devenu Pape, son ancienne famille: il remarqua particulièrement Antoine dont l'éminente sainteté, lui rappelait si bien son ami François d'Assise.

Couronné le Dimanche après son élection, 21 mars, Grégoire IX voulut donner un témoignage solennel de son estime pour l'ordre de Saint François. Il daigna honorer de sa présence, et de celle des cardinaux à sa suite, les prédications d'Antoine. C'est en sortant d'une de ces prédications où l'apôtre avait expliqué avec une sublime éloquence le texte mystérieux d'un passage de nos livres sacrés, que le souverain Pontife ravi s'écria : « *Cet homme est véritablement l'arche du testament, Arca testamenti.* » Éloge d'autant plus précieux qu'il sortait de la bouche d'un Pape tel que l'illustre Grégoire IX. (Mars 1227.)

Vers la fin de cette station, le Seigneur renouvela autour de la chaire d'Antoine, la merveille qu'il avait faite en faveur du prince des apôtres, le jour de la Pentecôte, à Jérusalem. De nombreux témoignages attestent que les hommes de toutes nations, venus à Rome à l'occasion des fêtes de la grande semaine, comprenaient l'apôtre prêchant en Italien, comme s'il eût parlé la langue propre de leur pays.

Quand la station quadragésimale fut terminée, Antoine se disposa à assister au Chapitre Général, mais avant, il voulut faire une retraite au couvent de Sainte-Marie-des-Anges, et visiter le tombeau de son bien-aimé père Saint François ; c'était vers le mois de juin 1227.

Après avoir fortifié son âme dans la retraite, et satisfait sa piété filiale au tombeau de Saint François, Antoine vint au Chapitre, dans lequel Frère Elie fut nommé Ministre Général de l'Ordre et successeur de Saint François. Quant à lui, déchargé de sa custodie de Limoges, et nommé Provincial de Bologne et de toute l'Emilie, il se transporta sans perdre de temps dans la province qui lui était assignée.

Il se rendit tout d'abord à Rimini, où il avait fait tant de bien ; on se rappelle l'impression salutaire produite sur les hérétiques de cette ville, par le miracle des poissons. Mais tous les hérétiques ne s'étaient pas convertis ; il en était resté qui n'avaient pas voulu renoncer à l'erreur : de ce nombre était un certain Bonviglio, chef ou évêque de cette secte impie.

Antoine fut reçu dans cette ville comme un bienfaiteur insigne, avec les démonstrations de la plus vive allégresse. Plein de pitié pour les âmes de ces malheureux esclaves de l'hérésie, il voulut recommencer la lutte, et s'attaqua à l'opiniâtre et très-influent Bonviglio. Avec l'aide de Dieu et contre toute attente, sa démarche eut un plein succès, et l'hérésiarque se convertit. Cet évènement ne favorisa cependant que médiocrement le retour des autres hérétiques ; furieux en effet de la conversion de leur évêque, ils refusèrent obstinément d'assister aux prédications d'Antoine, et attentèrent à ses jours. Voici dans quelle circonstance : s'étant concertés sur les moyens de se défaire de leur redoutable adversaire, l'un d'eux l'invita à diner, sous prétexte de parler d'affaires de religion ; le saint, qui recherchait les occasions de leur faire du bien, accepta, sans hésiter, cette invitation.

Il se rendit chez son hôte, et s'y trouva au milieu de plusieurs hérétiques des plus acharnés. Pour mieux cacher leur jeu infernal, ils affectèrent les témoignages les plus empressés d'un grand respect pour sa personne, mais ils lui servirent des mets empoisonnés. Antoine averti d'en haut, et confiant en la puissance du Seigneur, bénit la table, leur reprocha leur intention criminelle, et mangea de tout ce qu'on lui offrit, sans éprouver même un malaise ; en même temps il leur expliquait la doctrine de Jésus-Christ et de son Eglise.

Profondément touchés de sa foi, de ses enseignements et surtout du miracle dont ils venaient d'être les témoins, ils lui déclarèrent qu'ils abjuraient *tous* leurs erreurs, et qu'ils étaient prêts à rentrer dans la communion de l'Eglise.

Ce fait merveilleux eut un grand retentissement, et la ville de Rimini fut de nouveau bientôt changée ; l'hérésie disparut de cette cité, où la foi et la piété refleurirent plus vigoureusement que jamais.

Notre heureux Provincial partit bientôt, et s'en alla

visitant les couvents de son immense province, et évangélisant les peuples. Ravenne, Aquilée, Trieste, Gorits, Gémone , etc., entendirent l'illustre Franciscain: partout son éloquence obtint les plus heureux résultats pour le salut des âmes. Les jeunes gens eux-mêmes, enlevés par la puissance irrésistible de sa parole, demandaient à prendre l'habit de Saint François.

Il prenait grand soin de fonder des couvents partout où il en avait la facilité ; un jour, à Gémone, pendant qu'il faisait bâtir une maison pour son Ordre, il se trouva en peine pour faire conduire quelques pierres et quelques pièces de bois ; il pria un laboureur, qui passait avec un char vide, de le tirer d'embarras ; « *je ne puis,* répondit celui-ci, *je conduis un cadavre.* » Il portait, en effet, son fils, mais plein de vie et de santé. Le saint se retira en disant : « *Qu'il en soit comme vous dites.* » Un peu plus loin, le paysan voulut éveiller le jeune homme, et lui raconter le bon tour qu'il venait de jouer au religieux, mais ses efforts furent inutiles, c'était bien un mort qui était sur le chariot. Alors saisi de frayeur et de regret, il revient en pleurant se jeter aux pieds d'Antoine, implorer pardon pour son mensonge et pitié pour le mort. Touché du repentir de ce pauvre homme, Antoine se rendit près du char, fit le signe de la croix, et le jeune homme revint frémissant à la vie. Observons en passant, que maintes fois le bienheureux Antoine obtint des miracles par le signe de la croix toujours puissant auprès de Dieu. (1)

Pendant que notre saint missionnaire parcourait toutes ces villes proclamant partout les droits de Dieu et de l'Eglise, l'illustre ami de Saint François, Grégoire IX, faisait instruire, sur la demande des Provinciaux de l'Ordre, la cause de la canonisation du fondateur des Frères Mineurs, et allait à Assise prier sur la tombe où reposait le corps de son ami. Avec les cardinaux présents, il commença l'examen des miracles qui s'opéraient chaque jour à son tombeau. Il chargea de l'étude juridique de cette cause les cardinaux qui semblaient le moins disposés à l'accélérer. Antoine assista sans doute à tous ces préliminaires importants, après lesquels le Pape quitta Assise, et Antoine se rendit à Padoue où il devait prêcher le Carême. Nous sommes en février 1228.

Dans cette ville qu'il n'avait pas encore évangélisée, notre Grand Thaumaturge se surpassa lui-même ; le champ était digne de l'ouvrier apostolique, et l'ouvrier ne fut pas au-dessous de sa tache. Jamais il n'avait recueilli tant de fruits de salut, nulle part il n'opéra tant de merveilles.

Antoine se multipliait avec une énergie et une activité incroyables, à mesure que se multipliaient sous sa chaire,

---

(1) Annales minoru n T. 2 p. 172. Ang. de Vicenza livre 2.

les foules attirées par son éloquence. La jeunesse nombreuse de l'Université si renommée de cette opulente ville, se pressait autour de l'ardent Missionnaire. Qui aurait prévu alors, même au milieu de l'enthousiasme provoqué par Antoine, que Padoue, avant peu, serait fière de lui donner son nom, de posséder ses reliques, et de lui élever une immense et splendide basilique ?

Le Seigneur voulut bien faire dans cette ville, à l'intercession de son fidèle Serviteur, une foule de miracles. Un jour on présente à Antoine une fille percluse des jambes et sujette à des attaques d'épilepsie ; le Saint fait sur elle le signe de la Croix, la paralysie et l'épilepsie disparaissent à tout jamais. Une autrefois, un jeune homme nommé Léonard, va trouver l'Apôtre, et lui avoue qu'il a donné à sa mère un violent coup de pied ; dans son indignation, le Saint lui répond : « *Le pied qui* » *a ainsi frappé sa mère mériterait d'être coupé sur le* » *champ.* » Léonard rentre chez lui, prend une hache et se coupe le pied. Voilà aussitôt toute sa famille en émoi : heureusement quelqu'un a l'idée d'appeler le Saint, qui ramasse le pied amputé, le rapproche de la jambe et fait le signe de la Croix ; à l'instant les chairs se raffermissent, et le jeune homme par trop naïf est guéri.

Pendant ce même Carême, un très-riche usurier de Padoue vint à mourir ; ses parents prièrent Antoine de parler à ses funérailles ; il accepta volontiers cette occasion d'instruire, et de faire probablement une impression salutaire sur quelque âme. Dans le cours de sa prédication, il fut saisi comme par une illumination surnaturelle, et commentant ce passage du saint évangile *le riche mourut et descendit aux enfers*, il s'écria tout-à-coup : « *Allez à son trésor vous y trouverez son cœur !* » Après la cérémonie, les parents du défunt, encore sous l'impression de la parole puissante du Père, allèrent en effet au coffre-fort de l'avare usurier, et quelle ne fut pas leur stupéfaction, quand ils se trouvèrent en face d'un cœur tout sanglant sur un monceau d'or !

Le don de discernement des âmes qu'avait reçu notre glorieux Apôtre, nous fait conclure à la sûreté avec laquelle il les dirigeait dans les voies de la perfection. A Padoue, il eut occasion de montrer d'une manière éclatante ces deux qualités : il y avait alors dans cette ville, une jeune enfant de douze ans, que le Saint Esprit avait ornée de ses dons, et sur laquelle la grâce opérait merveilleusement, même dans cet âge ordinairement si léger et si inconstant ; elle suivait assidûment les prédications du Père Antoine ; de plus en plus touchée et éclairée, elle prit la résolution de le choisir pour directeur et pour guide.

Celui-ci se chargea volontiers de la direction de cette conscience, il reconnaissait une de ces âmes qui sont la gloire et l'élite du troupeau de Jésus-Christ ; il comprenait que, de son côté, il devait par ses conseils lui aplanir la voie de la sainteté dans laquelle elle s'était généreusement engagée.

Hélène d'Enselmini (c'était son nom), d'après l'avis d'Antoine, et du consentement de son père, entra au Couvent des Pauvres Clarisses, que Saint François lui-même avait fondé à Padoue en 1220. Son zèle fut si généreux et si ardent, que l'habile directeur dut souvent le réprimer et en modérer les excès, *amor omnia vincit*, l'amour de Jésus la rendait imprudente. Après avoir vécu comme une sainte, elle mourut en 1242 ; plus tard elle fut proclamée bienheureuse ; son corps virginal repose sous un des autels de l'église de Sainte Sophie, à Padoue.

CHAPITRE SEPTIÈME

Le féroce Ezzelin et Antoine. — Empire de la sainteté. — Canonisation

de Saint François. — Chapitre général, lutte d'Antoine

contre Frère Elie. — Le Pape Grégoire IX intervient. — Antoine

rend la vie au fils de sa sœur. — 1228-29-30.

Les prédications du Carême étaient terminées ; Antoine
s'occupa de la rédaction des sermons qu'il venait de
prêcher; ils lui avaient été demandés par les principaux
citoyens et les membres du clergé de cette ville, venus
en députation auprès du grand orateur, pour le remercier
de son zèle et de son dévouement pour eux. Il s'était mis
tout entier à ce travail, quand on apprit à Padoue

qu'Ezzelin, l'homme peut-être le plus vindicatif et le plus féroce de son temps, faisait le siège de Vérone, après avoir mis à feu et à sang Vicence, Brescia et autres villes. Une frayeur mortelle s'empara des habitants de Padoue ; ils croyaient déjà voir ce prince brutal à leurs portes, et la ville à sac et au pillage.

Antoine apprenant les actes sauvages du terrible Ezzelin, résolut de se rendre à Verone au devant de cet homme qui semait la consternation et la terreur sur son passage. Il se mit aussitôt en marche, et, au péril de ses jours, arriva à Vérone. Un lugubre et profond silence régnait dans cette ville, autrefois si florissante et si animée : à peine arrivé, il se rend au palais du redoutable oppresseur, et demande une audience qui lui fut accordée. Bientôt il se trouva en présence du tyran assis sur un trône resplendissant de richesses, et entouré de gardes armés prêts à exécuter les ordres de leur maître sanguinaire.

Cet appareil menaçant n'intimida point le courageux Franciscain ; le sang qui coulait dans ses veines n'était-il pas, le sang d'un héros chrétien ? Du reste ne venait-il pas, au nom de la gloire de Dieu, défendre les droits de l'humanité indignement foulés et méprisés ? S'étant approché du prince, il lui adressa cette foudroyante apostrophe : « *cruel tyran, tigre sanguinaire ! Jusques* » *à quand mépriserez-vous la longanimité de votre*

» *Dieu? Quand donc mettrez-vous fin à vos criantes*
» *iniquités?*

» *N'entendez-vous pas les gémissements des veuves*
» *et des orphelins qui touchent le cœur du Seigneur,*
» *votre maître et le mien? Le sang de vos victimes*
» *appelle sur votre tête coupable les plus terribles*
» *malédictions, et vous ne tremblez pas?* » L'homme de
Dieu reprocha sur ce ton, à Ezzelin, ses exactions et
ses violences. Les gardes stupéfaits, avaient les yeux
fixés sur leur maître ; un signe de celui-ci, et c'en était
fait du moine téméraire ! Mais le prince tremblait et
restait immobile !

Tout à coup, on le vit se lever, descendre d'un pas
chancelant les marches de son trône, s'enlacer le cou
avec sa ceinture, et venir pâle de terreur, se jeter en
pleurant aux pieds d'Antoine, implorant le secours de
ses prières pour obtenir le pardon de ses crimes ;
celui-ci le releva avec bonté, et lui inspira confiance
et courage par la pénitence. [1]

Après le départ d'Antoine, les satellites du prince
avaient de la peine à revenir de la surprise que leur
causait la scène étrange dont ils venaient d'être les
témoins : « *Ne soyez pas étonnés de ce qui vient de se*
» *passer,* leur dit cet homme si redouté, *car, tandis*

---

[1] Notes d'Azzoguidi.

» *que ce religieux me parlait, un éclat céleste rayonnait*
» *sur sa figure, pénétrait la moëlle de mes os et me*
» *glaçait d'épouvante.* »

Depuis cette époque Ezzelin conserva pour Antoine une vénération très-grande ; il s'abstint de tous ces excès tant que le saint vécut ; mais malheureusement, plus tard il retomba dans ses cruautés, jusqu'à sa mort misérable arrivée en 1259.

Antoine, après son départ de Vérone, était revenu en toute hâte dans sa chère Padoue, dont il lui tardait de rassurer les habitants. Il y fut accueilli comme un Sauveur, avec les transports enthousiastes que provoquait le sentiment des malheurs auxquels la démarche héroïque du saint venait de les arracher.

De retour à Padoue, Antoine continua la rédaction de ses sermons, en visitant les couvents de sa province ; ses Frères le reçurent partout avec la plus grande faveur : dans ses conférences, il les exhortait à une vie plus parfaite, et ses exemples les encourageaient à imiter plus fidèlement leur bienheureux Fondateur. Du reste, il s'occupait toujours du ministère de la prédication aux fidèles, et de la direction des âmes. Mais le mois de juillet arrivait ; le vénérable vieillard Grégoire IX avait choisi cette époque pour, la cause étant instruite, décerner les honneurs de la canonisation à son ami François d'Assise. Antoine et tous les provinciaux de l'Ordre, avaient à cœur d'assister au triomphe de leur illustre père et fondateur ; il quitta Padoue et se rendit à Assise. Déjà le souverain Pontife y était arrivé avec toute sa cour ; ces solennités annoncées au loin avaient attiré un concours immense.

Le souverain Pontife désirait donner un éclat extraordinaire aux honneurs dont il voulait entourer la mémoire de *celui* qui avait foulé aux pieds tout honneur et toute gloire ! Il était inouï qu'un Pape eût quitté Rome avec sa cour, pour procéder à la canonisation d'un saint, au lieu même où le saint était mort.

Grégoire IX ouvrit la cérémonie par un discours sur les vertus et les grandeurs du Saint confesseur François d'Assise ; ensuite levant les mains et les yeux vers le ciel, il prononça du haut de son trône, ces mémorables paroles : « *A la gloire de Dieu tout puis-*
» *sant, Père, Fils et Saint Esprit, de la glorieuse Vierge*
» *Marie, des bienheureux apôtres Saint Pierre et Saint*
» *Paul, et à l'honneur de l'Eglise Romaine, Nous*
« *avons résolu, de l'avis de Nos frères et des autres*
» *prélats, d'inscrire au catalogue des Saints, le bien-*
» *heureux père François, que Dieu a glorifié dans le*
» *ciel, et que Nous vénérons sur la terre. Sa fête sera*
» *célébrée le jour anniversaire de sa mort.* »

Le chant du *Te Deum* se mêla alors aux acclamations

du peuple, pendant que le Pape descendait prier dans le sépulcre voûté, où reposait le corps du Saint. Après toutes les cérémonies, il fut décidé qu'une église magnifique serait érigée en l'honneur de Saint François, à l'endroit où il avait désiré d'être enseveli. Ce lieu était connu sous le nom de *Colline d'enfer* ; on y exécutait les criminels. Grégoire IX, avant de partir pour Pérouse où les malheurs de Rome l'obligeaient à séjourner, posa la première pierre de la nouvelle église, dans laquelle, deux ans plus tard, devaient être transférées les dépouilles du *pauvre volontaire* d'Assise.

Antoine et les autres Frères Mineurs quittèrent ces lieux, le cœur plein de joie et de consolation, avec le désir de redoubler d'efforts pour mieux imiter la vie de leur saint Patriarche. Chacun se retira dans son couvent respectif ; quant à Antoine, il se dirigea vers Bologne. Les religieux de cette maison, sachant qu'il avait des instructions tirées des psaumes de David, les lui demandèrent comme un gage d'affection et un souvenir de son Provincialat ; le bon supérieur leur abandonna son manuscrit. C'est évidemment le travail que publia Azzoguidi, dans le siècle dernier.

Au mois de novembre de cette même année 1228, l'infatigable Apôtre reçut la mission d'aller prêcher l'Avent et le Carême à Florence. Les habitants de cette ville furent heureux de recevoir et de garder au milieu d'eux, l'homme extraordinaire dont le nom était acclamé dans toute l'Italie ; après la station du carême, Antoine recommença la visite des couvents de sa province, et se rendit à Milan ; de là il fut à Verceil où il avait laissé de si précieux souvenirs de savoir et de puissance apostolique. A Varèse, il fonda un couvent de Franciscains ; les chroniques rapportent qu'il donna aux eaux de deux puits qu'il avait fait creuser dans ces deux dernières villes , la puissance de guérir de la fièvre maligne. Enfin, passant par Brescia et Vérone, il arriva à Mantoue, et s'y reposa quelque temps de ses longues courses et de ses pénibles travaux, emportant les bénédictions des peuples qu'il avait évangélisés.

Antoine remplissait avec zèle et avec prudence sa charge de Provincial ; le ministère de la prédication et de la conversion des pécheurs et des hérétiques, ne l'empêchait pas de se soumettre avec l'attention la plus scrupuleuse à tout ce qui touchait à l'observation fidéle de la règle, dans tous les couvents qu'il visitait. Il remarqua que des abus commençaient à s'introduire avec la faveur du Ministre Général. Les anciens et fervents religieux gémissaient de certaines innovations qui ouvraient la porte au relâchement ; l'esprit de *Pauvreté* et de ferveur , gloire de l'Ordre, subissait des atteintes qui, au sentiment de notre fervent Provincial , devaient aboutir à la ruine des constitutions fondamentales de l'Œuvre de Saint François ; aussi bien, se proposa-t-il de soumettre ses craintes au prochain chapitre général.

Le vingt-cinquième jour du mois de mai 1230, hors des murs de la ville d'Assise, un spectacle étrange et grandiose s'étalait dans la plaine. Deux mille religieux Franciscains étaient campés sous des tentes ; autour de ces tentes se groupait une foule immense qui n'avait pu trouver de logement dans la ville. Celle-ci avait pris ses airs de grande fête. Des tentures très-riches et de différentes couleurs étaient appendues devant les maisons et les principaux édifices. De distance en distance s'élevaient de gracieux arcs de triomphe. La joie la plus pure rayonnait sur tous les fronts ! Quel monarque, quel triomphateur attendait-on ? Les restes mortels du héros pacifique de la ville d'Assise allaient être transportés de l'église de saint Georges à la nouvelle et belle église construite sur la colline d'Enfer ; cette imposante cérémonie devait être suivie du Chapitre Général annoncé à tous les Frères Mineurs.

Un témoin et un ornement glorieux manquèrent à ces solennités, ce fut Grégoire IX. Rentré à Rome, il y était retenu par les plus graves occupations : dans son regret, et pour se dédommager, il se fit représenter par trois légats : ceux-ci, au nom du Souverain Pontife, déposèrent de riches présents dans la nouvelle église, qui, par ordre du Pape, fut affranchie de la juridiction de l'Ordinaire et placée sous la dépendance directe du Saint-Siège.

Antoine assista aux splendides cérémonies de cette translation ; perdu dans la foule, il se nourrissait intérieurement du souvenir des vertus et de l'esprit du glorieux protecteur dont il allait avoir besoin.

Le soir de ce beau jour, les Frères Mineurs se réunirent en assemblée capitulaire. Dès les premières réunions, Frère Elie Ministre Général, comprit qu'il y avait contre lui, un mécontentement confus encore, peu dessiné, mais réel. Nous l'avons dit, son administration, surtout en matière de pauvreté, blessait les plus pieux et les plus fervents religieux de l'Ordre.

Mais Elie était habile, insinuant ; il essaya de justifier sa conduite, en s'appuyant sur les faveurs et les adoucissements de la règle, qu'il prétendait tenir du Pape lui-même. Un murmure de désapprobation accueillit ces paroles.

Dans une seconde session, Frère Elie proposa à l'acceptation de ses Frères, les modifications qu'il voulait introduire. Personne n'osa s'élever contre lui, tant son influence était grande ; soudain, Antoine et Adam de Maresco se levèrent, et protestèrent contre les privilèges prétendus qu'il venait d'obtenir ; ils sou-

tinrent courageusement que c'étaient des abus qui me-
naient à la décadence et à la ruine de l'Ordre de Saint
François.

L'opposition de ces deux vénérables personnages
trouva alors des soutiens ; plusieurs religieux se rangè-
rent de leur côté, et osèrent enfin dire la vérité au
Ministre Général. Parmi eux, on cite Albert de Pise et
Jean Bonelli de Florence, Provincial à Arles , lorsque
Antoine avait prêché au Chapitre tenu dans cette ville.

Cette opposition attira sur ses auteurs, surtout sur
Antoine et Adam, l'irritation du Ministre Général Elie.
Dans sa colère, il alla jusqu'à les excommunier et les
condamna à l'emprisonnement.

Ceux-ci en appelèrent au Pape, et s'enfuirent jusqu'à
Rome, où Grégoire IX les reçut avec bonté. Le Souverain Pontife écouta leurs plaintes avec une attention
toute paternelle, et manda sur le champ à Rome, Frère
Elie et tous les membres du Chapitre , qu'il voulut
présider.

Elie et les membres du Chapitre se rendirent sans
retard à l'injonction de Grégoire IX ; celui-ci , nous le
savons, aimait beaucoup l'Ordre fondé par Saint François , il écouta donc avec une grande attention les
plaintes, les accusations des uns , et l'essai de justifi-
cation du trop habile Général. Après avoir sagement

pesé toutes choses, et devant une explosion de
colère d'Elie contre Frère Antoine, Grégoire IX prononça une allocution qu'il termina par ces paroles
sévères : « *C'est pourquoi, usant de notre Pouvoir*
» *Apostolique, nous démettons Frère Elie de sa*
» *fonction, et Nous ordonnons que séance tenante, on*
» *choisisse un nouveau Supérieur.* » [1]

Jean Parent, ministre d'Espagne, fut élu à la place
d'Elie ; Antoine et Adam furent relevés par le Souverain Pontife de toutes les peines ecclésiastiques dont
ils avaient été injustement frappés. Grégoire IX se
réjouissait du zèle d'Antoine et de ses succès sur les ten-
dances funestes qui entraînaient l'Ordre naissant, dans
une ruine complète ; il estimait d'autant plus le vaillant
et opiniâtre défenseur de la règle de Saint François ;
aussi bien, voulut-il garder à Rome, auprès de sa personne, un religieux dans lequel il voyait revivre son
saint ami ; mais notre illustre Antoine supplia le Souverain Pontife d'accepter sa démission de Provincial.
Redoutant le tumulte d'une capitale, et se sentant le
besoin d'un repos, hélas ! trop légitime, il demanda la
permission de se retirer quelque temps sur le Mont-
Alverne, pour puiser dans la solitude et dans la prière de
nouvelles forces, et mieux remplir ensuite le ministère
de la prédication. Grégoire IX condescendit à tous les

---

(1) Dirhs.

désirs du bienheureux , mais à la condition qu'il mettrait la dernière main à ses ouvrages, et particulièrement à ses sermons.

Antoine séjourna deux ou trois mois dans ces lieux sanctifiés par la présence de Saint François : vers le mois de septembre, il reprit le chemin de sa chère Padoue. Les habitants de cette ville le reçurent avec les témoignages les moins équivoques d'affection et de dévouement. Il rentra dans son couvent et reprit son cours de théologie. La jeunesse studieuse de Padoue entoura, plus nombreuse et plus empressée, la chaire du maître tant aimé et de si grand renom.

Ce fut probablement à cette époque, que notre Thaumaturge reçut de Dieu le privilège de la bilocation, pour sauver pendant deux fois, l'honneur et la vie de son père. Nous aimons à voir la divine Providence ménager à Antoine, qui était séparé de sa famille depuis l'âge de quinze ans, deux occasions, dans lesquelles son intercession si souvent utile aux étrangers , sauva Martin de Bouillon, son père, de la position la plus désespérée. Le bon Dieu qui ne se laisse pas vaincre en générosité, voulut bien dédommager largement cette famille, du sacrifice généreux qu'elle lui avait fait de cet enfant, son espérance unique dans le monde.

C'est encore à l'intervention de notre Saint que sa

sœur dut la conservation de son fils unique. Le petit Pâris, (c'était le nom de cet enfant), jouait un jour sur les bords du Tage, avec ses jeunes camarades ; étourdis, comme on l'est ordinairement à cet âge, ils eurent la pensée d'entrer dans une barque de pêcheur amarrée près du rivage. S'élancer dans la barque, la détacher et virer de bord, fut pour eux l'affaire d'un instant. Mais, ô malheur ! peu après, la barque conduite par des mains inhabiles ou impuissantes, chavire, et les enfants sont précipités dans le fleuve ; ils se sauvèrent tous à la nage, à l'exception de Pâris, qui ne sachant pas nager, fut englouti dans les flots.

Tristes et désolés, les compagnons de l'infortuné Pâris reviennent à la ville, et apprennent à ses parents la fatale nouvelle. Le père de Pâris fit immédiatement faire des recherches, et, contre toute espérance, le corps du petit noyé fut bien vite retrouvé, et rapporté à la maison paternelle. La mère inconsolable s'empare du cadavre de son fils, elle l'étreint avec folie, et ne veut plus s'en séparer ! Toutes les tentatives furent infructueuses ; cependant au bout de trois ou quatre jours, il devenait urgent de procéder à l'inhumation, il fallait donc briser la résistance de cette mère désolée ! Tout-à-coup, elle se jette à genoux, lève les mains au Ciel, et s'écrie en sanglotant : « O Antoine, vous qui opérez tant de » miracles pour des personnes étrangères, resterez-vous

» donc sourd à la voix de votre malheureuse sœur!
» Prouvez-moi votre amitié fraternelle, venez à mon
» secours, Antoine! rendez-moi mon fils, rendez-moi
» mon Pâris! »

A peine a-t-elle invoqué l'illustre Thaumaturge, que l'enfant revient à la vie, se dresse et se précipite dans les bras de sa mère! Il entra plus tard dans l'Ordre de Saint François et mourut en bienheureux, dans la paix du Seigneur. [1]

---

(1) Marc de Lisbonne. Liv. 5. Ch. 32.

CHAPITRE HUITIÈME.

—

—

Cependant l'époque des grandes prédications était
revenue ; malgré l'affaiblissement de ses forces, Antoine
ne put résister aux pressantes sollicitations des bons
habitants de Padoue, et consentit, hélas ! pour la
dernière fois, à rompre le pain de la parole divine à cette

population bien-aimée. Ce fut une bonne nouvelle et une grande joie. On accourut de tous les environs de Padoue et des villes voisines, de sorte que l'enceinte des plus vastes églises devint insuffisante pour contenir les foules ; Wading assure, d'après les témoignages qu'il avait recueillis, que souvent plus de trente mille personnes se trouvèrent réunies autour de la chaire du grand missionnaire. Il fallut dresser hors de la ville, en plein champ, une estrade du haut de laquelle, Antoine faisait entendre des accents plus beaux et plus vigoureux que jamais ! En raison de cela, ses fatigues furent beaucoup plus accablantes ; son zèle pour le salut des âmes était comme un ressort puissant qui le soutenait en le surexcitant, et les fruits merveilleux qu'il obtenait dans cette station, le fortifiaient comme une nourriture céleste. Il le fallait bien, puisque la plupart du temps, retenu au tribunal de la pénitence tout le long du jour, il ne prenait un peu de nourriture que le soir ; aussi par respect pour sa faiblesse autant que par attrait pour ce qu'il allait dire, le silence le plus parfait régnait-il au milieu de cette foule immense d'auditeurs, aussitôt que le Saint parlait ! Lorsqu'il avait fini sa prédication, tout ce peuple se précipitait vers lui ; chacun voulait le voir de plus près, avoir une parole, recevoir une bénédiction ; tous désiraient de toucher son vêtement, d'en déchirer un morceau et de le garder comme une relique. Souvent, sans le secours des bras puissants qui l'enlevaient , il aurait été étouffé par les flots pressés de la multitude enthousiaste ; chaque jour, du reste, il faisait des merveilles, le Seigneur voulant bénir ses efforts, et légitimer la confiance que les peuples avaient en son fidèle Serviteur.

Quand la station quadragésimale fut terminée, Antoine prolongea ses travaux apostoliques jusqu'à la Pentecôte, évangélisant les bourgades qui environnaient la ville de Padoue; plusieurs auteurs lui font remplir une seconde mission , vers cette époque, auprès du cruel Ezzelin , mais cette fois sans succès ; toutefois , il dut bientôt mettre fin à ses prédications, soit à cause de l'affaiblissement rapide de sa santé, soit parce que l'époque des récoltes était arrivée. Peut-être pressentait-il sa fin prochaine ! Les Saints, en effet, vivant habituellement dans l'union avec Dieu, sans avoir toujours la prescience de ce qui leur doit arriver, n'en ont pas moins très-souvent, un certain pressentiment de leur fin prochaine, qui ne les trompe guère.

On croit en effet qu'Antoine connut par révélation le jour et l'heure de sa mort, mais qu'il se détermina à en garder le secret, pour ne pas attrister ses Frères. Il était libre de fixer sa résidence où il voulait ; cependant par humilité, il demanda la permission de se retirer dans une habitation que les Franciscains de Padoue possédaient à quelque distance de la ville, c'était *Campo San Pietro* :

là, pour être encore plus solitaire , et ne vivre qu'avec Dieu, il se retira dans une petite cellule isolée du couvent de ses Frères qu'il ne visitait qu'à l'heure des repas.

On dit qu'il garda auprès de lui Frère Lucas et Frère Ruggiero , *Luc* et *Roger* qui habitaient deux cellules assez rapprochées de la sienne. Là, se préparait à la mort cet illustre Thaumaturge qui avait vécu tous les jours, comme devant mourir chaque jour. Quelle leçon pour un si grand nombre de chrétiens , si indifférents hélas ! pour cette dernière heure , seule redoutable , et qui *meurent* à chaque minute , sans plus y penser que s'ils devaient *vivre* toujours !

Les religieux du petit couvent de *Campo san Pietro* espéraient que la robuste constitution d'Antoine triompherait, dans le repos qu'il prenait, de ce qu'ils croyaient n'être qu'une fatigue ; mais bientôt leur espoir allait s'évanouir. En effet, il était là à peine depuis quelques jours, quand un matin, quittant sa retraite selon son habitude, pour venir prendre son repas avec ses frères, Antoine tomba tout-à-coup en défaillance ; revenu à lui, il s'efforça à l'aide des religieux de se mettre en plein air, ce fut en vain ; il s'affaissa de nouveau sur un peu de paille étendue au coin de la cellule.

Antoine connut que sa fin arrivait, et craignant d'être à charge à ses frères, il s'adressa à Frère Roger et lui dit : « *Cher Frère, si vous ne vous y opposez pas, je désire rentrer chez nos frères de Padoue.* » Roger fondant en larmes, prit ses mesures pour transporter son cher malade ; mais les religieux de *Campo san Pietro* voyant que celui qu'ils aimaient tant, allait les quitter, se réunirent autour de lui, et le supplièrent en pleurant de rester avec eux, l'assurant qu'il ne leur serait point à charge, et qu'ils auraient grand soin de lui ; Antoine persista dans sa résolution, et leur fit ses derniers adieux. Alors Frères Luc et Roger le placèrent sur un chariot et se dirigèrent vers Padoue.

Chemin faisant, ils rencontrèrent, à quelque distance de la ville, un Frère Mineur qui se rendait à *Campo san Pietro,* pour visiter Antoine. Frappé de l'état de faiblesse extrême où se trouvait notre cher malade, le frère chercha à le dissuader d'entrer dans la ville : « *Vous allez être assailli de visites,* lui dit-il, *vous ne* » *pourrez avoir un instant de repos ; faites vous plutôt* » *transporter au monastère des Clarisses, situé tout* » *près d'ici, nos frères chargés de la direction spirituelle* » *des religieuses, y ont une habitation, dans laquelle* » *il leur sera possible de vous donner tous les soins* » *désirables.* » Antoine goûta ce conseil, et fut reçu à Arcela comme un dépôt précieux envoyé par le ciel. Mais déjà il saluait la mort comme une douce messagère de bonheur et d'union avec Jésus-Christ.

Le vendredi matin il se confessa et communia ; puis,

de ses lèvres défaillantes il laissa tomber l'hymne favorite, *ô gloriosa domina*, que sa mère lui avait appris
à murmurer pendant son enfance. Ses yeux se levèrent
ensuite vers le ciel, où il les tint fixés pendant quelques
instants : « *Que regardez vous aussi fixément*, lui de-
» manda-t-on ? *Frères*, dit-il, *je vois mon Seigneur*
» *Jésus!* » C'était la fin. Un religieux prêtre lui
administra le sacrement de l'Extrême-Onction ; pendant
cette cérémonie, les Frères priaient autour de sa cou-
che mortelle, et l'on entendait Antoine réciter les psaumes de la pénitence. Enfin, il leva de nouveau les
yeux vers le ciel, et sans agonie, il s'endormit dans le
Seigneur. Antoine avait alors près de trente six ans,
selon les uns, cinq mois de plus selon les autres.

Ainsi se voila cet astre merveilleux dont les clartés
avaient ébloui la France et l'Italie ; ainsi mourut ce
Thaumaturge incomparable qui, tant de fois, avait lui-
même commandé en maître à la mort !

Au moment même où Antoine expirait à Arcela, des
enfants parcouraient les rues de la ville de Padoue en
criant : « *Le saint est mort ! le saint est mort !* » Les
religieux témoins de la mort de leur illustre Frère, désiraient garder secret cet événement, pour éviter à
Arcela un trop grand concours de peuple, mais ce fut
inutile ; Dieu lui-même ayant, par la bouche des
enfants, répandu cette nouvelle, on accourut de tous

côtés pour vénérer et **contempler** encore une fois le corps du bienheureux Antoine.

Les habitants du lieu où s'était endormi le saint, eurent la prétention de garder les restes mortels d'un religieux si illustre ; d'un autre côté, les Frères Mineurs de Padoue, s'appuyant sur les dernières volontés d'Antoine, le réclamaient comme leur bien propre, puisque du reste, il appartenait à leur couvent. Alors, la demeure où reposait le corps du Saint, fut entourée par des hommes armés venus de *capo del ponte*, *tête du pont*, lieu attenant au couvent d'Arcela. L'opposition à l'enlèvement des restes vénérables d'Antoine, devenait menaçante ; on dut en appeler à l'évêque de Padoue, qui lui-même pria la magistrature de veiller à ce que le précieux dépôt ne devînt pas l'occasion de rixes violentes, et peut-être d'effusion de sang, jusqu'à l'arrivée du Provincial, qui seul pourrait décider du parti qu'il y avait à prendre. En attendant les multitudes pieuses se pressaient dans la chapelle où était exposé le corps du religieux tant aimé, pour le voir une dernière fois ; chacun s'efforçait de faire toucher à cette relique, les objets qu'il avait à sa disposition.

Enfin le Provincial des Franciscains arriva ; les habitants obstinés à garder le corps d'Antoine, usèrent auprès du Provincial de tous les moyens pour le mettre dans leurs intérêts ; c'était un trésor, disaient-ils, dont le ciel lui-même venait de les faire dépositaires, et qu'ils défendraient, au besoin, les armes à la main.

Le Provincial les écouta avec charité, et partit pour Padoue ; là il s'entendit avec l'Evêque et le Gouverneur de la ville. Après plusieurs sommations toujours éludées par les possesseurs du trésor disputé, on fut obligé de recourir à l'emploi de la force, devant laquelle seule tombèrent les pieuses résistances.

Le cinquième jour après la mort d'Antoine, le corps fut enfin enlevé, et le cortège funèbre partit d'Arcela, pour la ville de Padoue. Les Frères Mineurs marchaient en tête, suivis du cercueil porté par le Podestat et les membres du conseil de la ville. (Nous savons quelle considération ils avaient pour leur insigne bienfaiteur). L'Evêque et tout le clergé venaient à la suite. Une légion de soldats contenait la foule immense accourue de toutes parts pour assister à cette cérémonie. Les chants sacrés volaient dans les airs ; on eut dit d'un triomphateur traversant les principales rues de sa capitale. Lorsque le cortège fut arrivé à l'église de Sainte-Marie, fondée par Saint François lui-même, le corps y fut déposé, et l'Evêque chanta une messe solennelle de *Requiem*, à la suite de laquelle eut lieu l'inhumation.

Dieu manifesta la gloire de son fidèle serviteur par plusieurs prodiges surnaturels, qui eurent lieu à son tombeau, devant lequel s'agenouillaient ce jour-là, et les jours suivants, des multitudes de personnes de tout rang et de toute condition. Ceux mêmes qui avaient disputé avec tant d'opiniâtreté la possession du corps d'Antoine, vinrent pieds nus, conduits par le clergé devant le tombeau, demander humblement pardon des excès auxquels ils s'étaient laissé entraîner.

En peu de temps, le glorieux tombeau devint l'un des principaux lieux de pèlerinage, où l'on se rendit de toute l'Europe catholique. Dieu semblait se complaire à exaucer les vœux de tous ceux qui s'étant bien confessés, et vraiment contrits, lui demandaient quelque grâce particulière, par l'intercession de son glorieux serviteur. Aussi, le bruit de toutes ces merveilles étant parvenu jusqu'au Souverain Pontife Grégoire IX, celui-ci envoya deux cardinaux accompagnés d'une suite nombreuse pour faire une enquête, et lui rendre compte de l'importance et de la nature des faits qui couvraient de gloire le tombeau d'Antoine.

Sur ces entrefaites, la ville de Padoue se disposait à envoyer au Pape des délégués, pour demander l'introduction de la cause de la canonisation de son bien-aimé protecteur ; l'arrivée des cardinaux retarda le départ de ces délégués. Quand l'examen fut terminé, *Otho Bianchi di Alerano*, cardinal diacre, et *Giacomo de Pecoraja* [1]

---

(1) Diibs.

cardinal évêque de *Preneste* furent si satisfaits, qu'ils donnèrent aux délégués de la ville, une lettre, dans laquelle ils déclaraient au Pape, qu'il y avait lieu de procéder promptement à la canonisation d'Antoine. Grégoire IX était alors à Spolette ; il ordonna une seconde enquête qui fut rapidement terminée, tant les faits étaient évidents et nombreux. Enfin, après une dernière assemblée de cardinaux, le Souverain-Pontife fixa au trente mai suivant, jour de la Pentecôte, la solennité de la canonisation.

Au jour désigné par le Pape, il y eut à Spolette une immense multitude de peuple ; lecture fut faite de très-nombreux et de très-étonnants miracles opérés par l'intercession d'Antoine ; après cela, Grégoire IX qui avait si bien connu notre bienheureux Franciscain, et qui était grand admirateur de ses vertus, prononça d'une voix solennelle le décret de canonisation, et ordonna que la fête du Saint serait célébrée le jour anniversaire de sa mort, le 13 juin suivant. Une immense acclamation de joie accueillit la parole du Souverain Pontife, et aussitôt après, on chanta le *Te Deum*, puis l'antienne des docteurs *ô doctor optime.*

Nous ne décrirons pas les splendeurs que la ville de Padoue déploya le treize juin 1232 ! Qu'on s'imagine tout ce que la reconnaissance la plus enthousiaste, mit au service du génie Italien, et l'on n'exagérera pas les magnificences que les Padouans étalèrent, la première fois qu'il leur fut donné de célébrer la fête de notre grand Thaumaturge.

Mais bientôt, cette malheureuse ville qu'Antoine avait sauvée une fois des cruautés d'Ezzelin, tomba au pouvoir de cet homme sanguinaire, qui la broya sous sa main de fer, pendant dix-sept ans. Elle, naguère si florissante et si animée, agonisait en quelque sorte maintenant sous les étreintes de son brutal vainqueur. Aussi quelle ne fut pas la joie de ses habitants, quand on leur annonça, avec mystère, qu'avant huit jours la ville serait délivrée par l'intercession de Saint Antoine, du joug humiliant sous lequel elle était courbée. L'événement justifia la prévision, et dans leur reconnaissance les magistrats décidèrent de prendre Saint Antoine comme patron de leur ville, et votèrent la continuation d'une magnifique église commencée en son honneur.

Sous le généralat de Saint Bonaventure en 1263, les restes de Saint Antoine durent être transférés dans la basilique élevée par la reconnaissance et la piété des habitants de Padoue ; le 6 avril de cette année eut lieu l'exhumation du corps de Saint Antoine ; il fut reconnu par Saint Bonaventure lui-même. Les ossements étaient intacts, mais les chairs étaient en poussière ; SEULE LA LANGUE, parfaitement conservée, était rouge et fraîche comme la langue d'un homme vivant.

Profondément ému de cette merveille, le Général prit respectueusement cette langue entre ses mains, la porta à ses lèvres, et comme ravi il prononça ces paroles immortelles: « *O langue bienheureuse, toi qui as si* « *souvent béni le Seigneur, et si bien appris aux* « *autres à le bénir, nous voyons maintenant combien tu* « *as été précieuse devant le Seigneur !* » Elle fut placée dans une châsse de cristal, enrichie d'or et de pierreries, et les ossements furent déposés dans un magnifique tombeau.

Quarante sept ans plus tard, en 1310, les Franciscains enlevèrent le cercueil dépositaire des restes vénérés d'Antoine, et le firent porter sous un autel nouvellement construit au milieu de l'église.

Guy de Montfort né en Limousin, évêque de Porto et cardinal, vint en 1350 au tombeau de Saint Antoine, en reconnaissance d'un grand bienfait qu'il devait à l'intercession du grand Saint de Padoue. Il fit déposer les ossements dans une chasse d'argent, très artistement travaillée, qu'on replaça dans le tombeau. Le crâne fut renfermé dans un magnifique reliquaire, aussi d'argent, qui fut conservé dans la sacristie de la splendide basilique. L'année suivante, le Chapitre Général des Franciscains décida que la fête de la translation des reliques de Saint Antoine serait célébrée le quinze février, ce qui s'observe encore de nos jours.

Nous sortirions trop de notre sujet, à notre avis, si nous nous arrêtions à donner ici, la description de la magnifique basilique dite *del santo*, à Padoue. C'est une des plus riches, et des plus vastes églises du monde catholique. Tout ce que la piété, la reconnaissance et la fortune ont pu inspirer aux arts, s'y déploie dans une magnificence qui ne peut que trouver son égale : comme dimensions, il nous suffira de dire qu'elle a 280 pieds de longueur, 131 de largeur, et 110 de hauteur. Du reste, le beau livre de Mgr Gaume, *Les trois Romes*, en fait une description détaillée à laquelle nous renvoyons les lecteurs qui voudraient s'en rendre compte. Nous avons hâte de retrouver les souvenirs de notre Saint bien-aimé, aux grottes de Saint Antoine, près Brive.

ESSAI HISTORIQUE

SUR LE

COUVENT DES CORDELIERS

ET SUR LE

PÈLERINAGE DE SAINT ANTOINE

BRIVE.

ESSAI HISTORIQUE

Sur le Couvent des Cordeliers

Et sur le Pèlerinage de Saint Antoine --- Brive.

CHAPITRE PREMIER

—

Le couvent des Cordeliers après le départ d'Antoine. — Fondation
du Pèlerinage aux grottes de Saint Antoine. —
Fondation du monastère des Clarisses par Raymond IV
Vicomte de Turenne
1231 — 1242

— ..

Les Frères Mineurs de Brive. après le départ du
bien-aimé fondateur, avaient continué à mettre pierre
sur pierre ; grâce à la donation de Guillaume de La

Faucherie, (1) et aux largesses du vicomte de Turenne, le couvent s'établissait sur des bases solides et confor- mes au plan général dressé par les règles de Saint François sur la pauvreté.

Le souvenir des vertus d'Antoine planait sur cette maison, et, depuis plus de quatre ans, excitait le zèle de ses pieux habitants! La ville et ses environs étaient encore sous l'impression puissante de notre glorieux Thaumaturge; les merveilles surnaturelles opérées en sa faveur, ou par son intercession, et, dont des milliers de personnes avaient été témoins, avaient laissé dans tout le pays un souvenir ineffaçable. Aussi, bien des fois l'on voyait devant les grottes, séjour favori d'Antoine, on voyait, disons-nous, agenouillées ou baisant cette terre que le pied du Saint avait foulée, des personnes au cœur brisé par le remords, qui venaient demander assistance, ou soulagement à leur misère !

Combien d'autres s'y rendaient pour s'exciter à une vie plus chrétienne, par le souvenir de la vie pénitente

---

(1) Nous aurions été heureux de trouver dans nos contrées, une famille portant encore le nom de ce fondateur : nos recherches nous ont fait aboutir aux deux hypothèses suivantes : le *quintus de Falieri* de Wading se traduirait par *Quint Du Fau*, ou bien Du Fau, cinquième enfant par date de naissance.

Si nous prenons le *Guillelmus* de *Falieri* de Nadaud, nous pensons qu'il y a dans le mot une faute de copiste, et qu'il faudrait remplacer le premier i par un c ; cela donnerait *Falceri*; qu'on traduirait facilement par de La de celui qui s'y était livré aux austérités les plus grandes ! Oh oui ! l'exemple d'Antoine qui avait fui les aises et les grandeurs de ce monde, pour vivre pauvre et venir arroser le sol de nos grottes, de son sang et de ses larmes, encourageait au détachement et au sacrifice !

Dans ces temps heureux de grande foi, où les actes les plus héroïques de la vie s'étalaient en regard des plus grands crimes, et souvent expiaient les plus grands crimes, les enseignements de la Sainteté avaient un attrait tout puissant.

Tout à coup, le bruit de la mort de ce grand religieux, qu'on avait vu, qu'on avait entendu, se répandit dans la ville ; *Antoine est mort*, se disait-on, comme à Padoue, *le Saint est mort*, et l'on revenait aux grottes où il avait prié et pleuré, où la Très-Sainte Vierge l'avait si opportunément secouru. Et la mère rappelait à son enfant, cet homme étrangement vêtu qui l'avait

---

Faucherie ; or il existait dans le pays, au moins une famille de ce nom ; nous trouvons, en effet, une *Françoise* de *La Faucherie*, de la famille des seigneurs de Sainte-Fortunade, à la tête du monastère de Coiroux, en 1490.

Quoiqu'il en soit, tous les auteurs du pays que nous avons sous la main, s'accordent à donner le titre de fondateur à **Raymond IV** de Turenne, dès lors Guillaume de la Faucherie fut un bienfaiteur très-insigne, et le vicomte de Turenne le fondateur du couvent des Cordeliers, comme il fut fondateur du monastère des Clarisses vers 1241 ou 42.

béni en souriant, et en traçant le signe de la croix sur son front ; et chaque pèlerin se faisait un pieux devoir, en l'honneur de Saint Antoine, de boire quelques gouttes de l'eau sanctifiée par les bénédictions du puissant Thaumaturge !

Mais la nouvelle de la mort du Saint Missionaire était à peine parvenue aux villages, et dans les superbes manoirs des environs de Brive, qu'une nouvelle bien consolante, mais inattendue lui succéda. *Antoine est un Saint, Antoine est canonisé* ! disait-on de toutes parts : le Pape infaillible a parlé, nous pouvons le prier, lui adresser nos hommages, nos vœux , implorer son intercession déjà si puissante quand il était sur la terre !

Nous nous sommes demandé, bien des fois, la raison et le principe du concours si nombreux des Pèlerins à la Grotte de Saint Antoine , surtout depuis le quinze août jusque vers la mi-septembre, et spécialement, le Dimanche qui suit la Saint Barthélemy ; nous croyons en avoir trouvé la raison, et nous ne pensons pas être téméraire, en soutenant que précisément les Fêtes de la canonisation de Notre Saint célébrées à Brive, furent l'occasion et le principe de cette affluence que nous constatons, même de nos jours.

La tendre dévotion que Saint Antoine avait pour la Très-Sainte Vierge, le secours que cette bonne Mère prêta dans les Grottes à son fidèle serviteur, pourraient sans doute expliquer ce concours à la Grotte, entre la Fête de l'Assomption et celle de la Nativité de la Sainte Vierge ; mais, abondance de bien ne nuit pas, et nous nous permettrons d'exposer notre explication qui nous semble très-rationelle.

Les lettres encycliques du Pape Grégoire IX, concernant la canonisation d'Antoine, ne furent expédiées à tous les Primats, Archevêques et Evêques de la chrétienté, que le 29 ou le 30 du mois de juin 1232 ; elles ne parvinrent donc à Brive que vers la fin de juillet, et peut-être au commencement du mois d'août. Les Pères Franciscains de Brive voulurent, évidemment, donner le plus grand éclat aux fêtes de la canonisation de Saint Antoine ; n'ayant pu les célébrer cette année, le 13 juin, ils prirent le premier Dimanche libre après la Fête de l'Assomption, et firent annoncer la solennité dans tout le pays.

Un concours immense dut avoir lieu, les grottes furent visitées au chant des hymnes sacrées. Peut-être là, comme au tombeau du Saint à Padoue, des prodiges furent accomplis , des grâces particulières furent obtenues. Quoique à une distance si grande des évène- nements, et malgré l'absence de documents écrits, nous ne devons pas nous taire. La tradition reste, elle est l'histoire parlée ; elle fait revivre les faits en quelque sorte, en conservant les récits populaires, souvent très-obscurs, au fond desquels l'historien sagace, l'esprit observateur savent retrouver le fait principal, après l'avoir dépouillé de toutes les inutilités qui le recouvraient comme d'une enveloppe grossière.

Mais ici, nous avons plus que la tradition : L'affluence des populations, dans ces temps reculés, aux grottes de Saint Antoine, nous est attestée par le sanctuaire, et le couvent qui est bâti au dessus ; quelques dates certaines de siècle en siècle, prouvent la véracité de notre récit, nous les retrouverons en leur lieu.

Donc, vers la fin du mois d'août 1232, des Fêtes splendides eurent lieu à Brive, à l'occasion de la canonisation d'Antoine ; après ces fêtes, les religieux Franciscains donnèrent rendez-vous à la foule, pour le 13 juin de l'année suivante, 1233, jour anniversaire de la mort de Saint Antoine, et fixé par le Pape pour la célébration de la Fête de ce Bienheureux.

Le peuple, l'année suivante, fut d'autant plus fidèle au rendez-vous, qu'il avait connu le saint, (il ne faut pas oublier cela), qu'il avait entendu souvent celui qu'il venait invoquer maintenant. Sans doute aussi, il avait connu quelqu'un de ceux qui avaient obtenu un bienfait signalé. Non, non, quoiqu'on en pense, le bon sens et la foi catholiques ne s'obstinent pas sur des *riens* ! et quand donc la pauvre humanité n'aura-t-elle plus de consolation à demander? de maladies à faire guérir? de souffrances à calmer? or, il y a des services qu'on n'attend plus que du ciel, et l'on venait demander ces grâces, par l'intercession de celui qui sur la terre, avait été si bon, si populaire !

C'était le 13 juin 1233 ; pour les raisons que nous venons d'exposer, le concours des fidèles fut très-considérable, et la Fête de Saint Antoine fut célébrée pour la première fois, avec toute la solennité possible. Toutefois deux mois après, revint l'époque des fêtes de la canonisation du Saint ; c'est-à-dire la fin du mois d'août. Le peuple qui était venu en foule l'année précédente, retourna cette année aux grottes ; il refit tout bonnement et tout simplement ce qu'il avait fait l'année précédente ; et ainsi de suite, d'années en années, jusqu'à nos jours , où nous constaterons après six cent cinquante ans, la présence au sanctuaire, de milliers de pèlerins, depuis le 15 août jusqu'au 15 septembre ; voilà selon nous le principe de cette affluence, plutôt à cette époque, qu'au 13 juin : Les fidèles furent très-frappés des premières solennités, et de la canonisation d'un homme qu'ils avaient connu ; ils en célébrèrent chaque année l'anniversaire, sans pour cela, oublier la fête du 13 juin ; nous pensons être dans le vrai, parce que nous nous croyons appuyé sur la logique des actes humains.

Peu à peu la dévotion à Saint Antoine et à ses grottes s'étendit au loin ; on accourut à Brive du Haut et du Bas-Limousin, des contrées limitrophes de la Marche ; une partie du Périgord et du Quercy envoyait aussi ses pèlerins.

Comment se logeaient ces milliers d'étrangers dans une petite ville comme Brive à cette époque ? Il est manifeste que tous ces gens, conduits par la foi, se préoccupaient bien plus de satisfaire leur piété que leurs aises ; ceux qui venaient de loin, arrivaient dès la veille soit pour la fête du 13 juin, soit pour les fêtes de la fin du mois d'août ; ils campaient tout bonnement autour du couvent des Franciscains, ou bien sur les lieux mêmes où Antoine avait prié, aux grottes. Leur robuste tempérament secondé par la douceur de la température en cette saison, se chargeait du reste. La nourriture de tout ce monde n'était pas une affaire, chacun en effet apportait ce qui lui était nécessaire, (du moins le plus grand nombre), comme on fait encore aujourd'hui.

A mesure que passaient les années, le concours devenait plus considérable, et c'était bien naturel ; les uns venaient remercier pour des bienfaits reçus, les autres venaient exposer leurs besoins et demander assistance.

Toutefois, plus tard, cette agglomération de peuple

venu de toutes parts, et dès la veille de la fête, donna nécessairement occasion à des transactions, à des échanges. Chacun en profitait pour l'écoulement de certaines denrées, des fruits, de la volaille par exemple. L'esprit mercantile se glissa peu à peu, et vint tenter par l'exhibition de produits étrangers, les pèlerins qui profitaient de leur voyage, pour faire certains approvi-sionnements pour l'année, ou pour se procurer ce qu'ils croyaient devoir leur être utile ou nécessaire.

Nous ne voyons pas pourquoi, on ne trouverait pas là le principe des *foires franches* de Brive; une grande affluence de peuple d'un côté, le 12 juin, veille de la fête de Saint Antoine, et la *franchise* de certains droits, à l'occasion du but religieux qui amenait ce peuple. Tout le monde sait que la plupart des grandes foires, en France du moins, ont eu leur principe dans les concours nombreux autour d'un tombeau de Saint, ou à l'occasion de quelque fête religieuse.

Mais à mesure que l'importance du commerce alla s'élargissant, le peuple s'éloigna des idées et du but qui l'attiraient à Brive le 12 juin, et d'autant plus facilement, qu'il trouvait l'occasion de satisfaire sa dévotion à Saint Antoine, dans le mois d'août et de septembre.

Quoiqu'il en soit, le couvent fondé par Saint Antoine lui-même, à Brive, se terminait avec le concours des grandes familles du Bas-Limousin; les vocations y

amenaient de nombreux amants de la sainte pauvreté ;
les enfants des plus grands seigneurs venaient demander
au silence et à la prière du cloître, une protection contre
les dangers et la séduction du monde ; ils renonçaient à
la fortune et à leurs manoirs, pour se faire pauvres et
nourris par la charité publique, à l'exemple d'Antoine,
le fils du puissant de Bouillon. Les religieux de Saint
François toujours fidèles à l'esprit de leur Séraphique
Père, et aux exemples du Saint fondateur de leur couvent,
continuaient l'action salutaire de Saint Antoine dans toute
la contrée, prêchant par l'exemple de leurs vertus non
moins que par l'autorité de leur parole.

La ville de Brive, à cette époque, était sans cesse
bouleversée par les guerres interminables que se faisaient
entr'eux, ses deux redoutables voisins, les barons de
Malemort et les vicomtes de Turenne, et souvent elle fut
obligée de lutter contre tous les deux à la fois ; et
cependant, ces mêmes seigneurs, dans les jours de trève,
la dotaient de vastes établissements religieux ; c'est ainsi
que fut fondé le monastère des filles de Sainte Claire,
quelque temps après la fondation des Frères Mineurs,
en 1242, dit Nadaud. Ce fut la piété des vicomtes de
Turenne et des seigneurs de Malemort, qui fonda cette
maison (dit un vieux chroniqueur) ; peut-être aussi le
regret du mal que leurs exactions incessantes occasion-

naient à cette ville, les excitait-il à ce genre de réparation si commun dans ces temps-là.

Ce monastère fut établi hors des murs de la ville; un peu au delà de l'entrée de la rue des Sœurs, sur les terrains et les jardins occupés aujourd'hui par les familles Chauviniat, et Marchou. Au commencement de notre siècle, ces terrains portaient encore le nom de couvent des Moinesses (1.)

Nous avons sous les yeux une transaction entre les fondateurs du monastère et l'abbesse, par laquelle deux fils de Pierre de Malemort tenant pour lui, et Bernard Daixe pour le seigneur vicomte de Turenne, s'engagent devant Etienne abbé de Vigeois, représentant l'abbesse et le monastère de Sainte Claire, à servir tous les ans au dit monastère, une rente annuelle de 25 sétiers de froment, 25 sétiers de seigle, et trois muids de vin. Il sera plus tard démoli, à la même époque et pour les mêmes raisons que le couvent des Franciscains et des Dominicains.

---

(1) Él couvén dé las *Mounjàs*, du latin monialis.

CHAPITRE DEUXIÈME

—

Fondation du couvent des Dominicains par Hugues de Malemort.
Influence des Cordeliers. — Fondation du sanctuaire et du couvent de
Saint Antoine, près de Brive. — Louis XI à Saint Antoine
et à Brive. — 1261-1271-72-1344-1463.

Nos bons Franciscains furent bientôt stimulés encore
dans les pratiques de la perfection religieuse, et dans le
ministère de la prédication, par l'établissement des
enfants de Saint Dominique dans la ville de Brive, où ils
furent appelés par Hugues de Malemort, religieux de
cet ordre, et plus tard cardinal. Leurs deux grands bienfaiteurs furent Gérard de Cardaillac abbé d'Aubazine, et

Hélie de Malemort, doyen de Limoges, qui posa la première pierre du couvent, sur les terrains voisins de la ville et appartenant à l'opulente famille de Malemort. Aujourd'hui, la sous-préfecture et les maisons à l'est de cet établissement, occupent l'emplacement des terrains possédés par les Dominicains.

Du reste, l'influence des Frères Mineurs ou Cordeliers allait grandissant, on soumettait à leur arbitrage les intérêts les plus graves ; nous trouvons qu'en 1271, le seigneur de Malemort et le vicomte de Turenne confièrent à un Cordelier de grand renom, du couvent de Brive, le soin de concilier leurs intérêts avec ceux de la ville. Une transaction fût proposée par le religieux et acceptée par les parties ; aussi nous ne sommes pas étonné de trouver en 1272, au nombre des religieux, Gérald de Malemort, frère d'Eymeric de Malemort 56ᵉ évêque de Limoges, et le fils des terribles barons de ce lieu.

Près d'un demi siècle s'était écoulé depuis la mort de Saint Antoine, et cependant les populations toujours enthousiastes, ne manquaient jamais, ou plutôt accouraient plus nombreuses au rendez-vous des grottes ; les parfums de vertu laissés par le saint pénitent qui les a rendues à jamais célèbres, les attiraient en foule ; les merveilles qui s'y opéraient fréquemment rendaient les peuples plus confiants ; *confiance* et *reconnaissance*, voila selon nous, la raison du concours à l'hermitage, du reste si beau de Saint Antoine. A cause de cette affluence augmentant toujours, les Cordeliers durent se préoccuper des besoins de ces âmes si dévouées à Saint Antoine. Les lieux où se dresse le sanctuaire étaient une propriété privée. Ne pouvait-il pas arriver qu'un jour ou l'autre, sous le premier prétexte venu, les pèlerins rencontrâssent des gênes ou des oppositions? D'un autre côté, ne devenait-il pas nécessaire d'établir en ces lieux sanctifiés, un oratoire qui rappellerait aux fidèles les faveurs qu'Antoine y avait reçues, et dans lequel ils prieraient avec plus de facilité? Enfin il fallait garder plus sévèrement au respect et aux convenances, cet endroit privilégié où la Très-Sainte Vierge était apparue et avait sauvé son bien-aimé serviteur !

Ils ne tardèrent donc pas à acquérir, probablement du vicomte de Turenne, tout l'enclos au-dessus et au-dessous de la chapelle actuelle (1). Ils y élevèrent un sanctuaire dont il reste tout au plus la moitié.

Une inspection exacte des lieux avant les réparations que nous y fîmes exécuter en 1874, nous a prouvé que la petite nef voûtée, construite en saillie sur le rocher en prolongement de la Grotte où se trouve l'Autel, s'éten-

______

(1) Nous avons fait les recherches les plus actives pour trouver la date de cette acquisition ; nous n'avons pu découvrir qu'une date mutilée ; nous n'avons par conséquent pas cru devoir la produire; tout nous porte à croire cependant, que ce fut dans la première moitié du 14e siècle, de 1330 à 1350.

dait vers le champ et le pré qui sont en face. On parvenait dans cette chapelle par un escalier de quelques marches qui couvraient à moitié la grotte dans laquelle se trouve l'Autel de *Notre-Dame-de-Bon-Secours*. Au sommet de cet escalier il y avait une plate forme de quatre ou cinq mètres carrés, qui primitivement servait de sol à une petite chapelle faisant le pendant d'une autre chapelle occupée aujourd'hui par la sacristie ; cette petite église était donc en forme de Croix latine, sans bas côtés.

Sur le sanctuaire , grotte abrupte et pittoresque , les Cordeliers bâtirent un petit Couvent dont il nous reste une partie. Nous pensons que des fouilles mettront à découvert les fondations de ce qui manque, et permettront de refaire tel qu'il était, ce couvent *miniature* ; il pouvait abriter une douzaine de religieux, et portait le nom d'*Hospitium*, Hospice de Saint Antoine. L'*Hospitium* était , comme le nom l'indique , une résidence dans laquelle les religieux venaient se reposer après les fatigues de l'apostolat , et où ils jouissaient d'un peu plus de liberté que dans les couvents complets.

Installés dans ce lieu pittoresque, les Frères Mineurs détachés du couvent de la ville, étaient mieux à portée pour servir la piété des Pèlerins qui venaient aux grottes déposer leurs vœux et leurs offrandes.

L'Hospitium et son sanctuaire ne tardèrent pas à avoir l'honneur d'une royale visite. La tradition et l'histoire locale nous en ont conservé le souvenir. En 1463, Louis XI revenait du Midi de la France, et s'acheminait par les montagnes du Rouergue vers le Quercy. Il s'arrêta à Roc-Amadour, pour offrir à Notre-Dame, patronne de ce lieu, ses vœux, et déposer ses offrandes royales. De là, il partit pour Brive, passant par Martel, l'Hôpital-Saint-Jean ou Jaffa, à cause de l'hospice qui portait ce nom, et parvint à Nazareth ; toute cette route est, à droite et à gauche, de distance en distance, couverte de villages au nom porté de l'Orient, qui rappellent les représentants nombreux et vaillants que le pays avait envoyés aux Croisades. Les seigneurs, en effet, revenus de ces expéditions lointaines, cherchaient dans la forme des lieux qu'ils habitaient, quelque rapprochement ou ressemblance avec un des sites fameux de la Terre Sainte, et lui donnaient le nom oriental.

A Nazareth, le Roi s'arrêta pour prendre un peu de repos. Ce village, appelé autrefois *Puy-de-Trach*, est situé sur une hauteur : vu de loin, il a l'aspect d'une immense fortification ; il a perdu beaucoup de son importance ; la tradition, soutenue du reste par les fondations nombreuses de maisons que les habitants découvrent tous les jours, rapporte qu'il s'étendait sur le flanc des côteaux qui dominent au nord le petit chef-lieu de la commune de Jugeals. Quoiqu'il en soit, les maisons et les ruines qui restent, construites à droite et à gauche de l'ancienne route de Brive à Martel, qui continuait celle de Paris à Brive, témoignent de l'importance de ce passage du nord au midi.

Il y avait une maison de chevaliers du Temple chassés par Philippe-le-Bel en 1307, et remplacés par des religieux hospitaliers de Saint-Jean ; on nous a assuré que les vieillards avaient vu dans le siècle dernier, sur une des deux portes de Nazareth, cette inscription, *Porte de Rome* ; [1] ce serait une nouvelle preuve de l'importance de cette localité.

Quoiqu'il en soit, le roi s'était fait devancer à Brive, par son maître d'hôtel et quelques serviteurs ; les consuls prévenus de l'arrivée du roi dans leur cité, se concertèrent, et décidèrent qu'il fallait recevoir sa Majesté avec tous les honneurs possibles ; les consuls *Jean Prolhac*, *Jean Raynal*, *Guillaume Delon* et *Michel Polverel*, suivis de quarante des principaux habitants de la ville devaient aller, à cheval, au devant du roi jusqu'à Nazareth. En attendant, des arcs de triomphe furent dressés à la porte de Corréze et à la porte des Frères ; les plus riches draperies furent tendues le long des rues par lesquelles devait passer le cortège royal. Quand tous les préparatifs furent achevés, les consuls revêtus de leurs robes rouges et vertes, et suivis de l'escorte

[1] Le détail de ces renseignements nous a été fourni par M. l'abbé Borderie, professeur au Petit-Séminaire de Brive.

convenue, partirent pour Nazareth. Arrivés dans cette localité, ils descendirent de cheval et se mirent à genoux devant le roi. Sa Majesté était entourée de Mgr le duc de Berri son frère, du prince de Navarre, du duc d'Alençon et autres seigneurs de haut lignage ; Agne de Latour, vicomte de Turenne, Monseigneur l'évêque de Tulle, Jean II de Pompadour, Jean de Castelnau et plusieurs grands seigneurs du pays faisaient partie de l'escorte royale. Jean Prohac, premier consul, harangua le roi et lui offrit les clefs de la ville. Louis XI répondit au consul en ces termes: *Nous savons bien que du temps de nos prédécesseurs, vous avez été bons et loyaux, et bien gardé la ville, et avons espérance que vous la garderez de même, au plaisir de Dieu et de Notre-Dame.*

Partons, mes amis, dit ensuite le roi, *et allons à la ville.* L'escorte s'ébranla aussitôt et se dirigea vers Brive, passant par les villages de la Dercie, le Cayre blanc, Riome, la Brande, Marcillac, Champs ; de là, la route s'enfonçait dans la vallée, dite aujourd'hui de Jean Savy, remontait vers les hauteurs qui dominent Saint Antoine, et dont la plus grande partie appartient à M. Mas, et longeait en écharpe le côteau en face de notre cher petit sanctuaire. Là, on avait apporté de la ville, les reliques les plus précieuses des églises, celle de la vraie Croix , la chape de Monseigneur saint

Martin, etc., etc. Une foule immense avait suivi le cortège religieux, composé du clergé des deux paroisses, des chanoines de Saint Martin, des religieux Dominicains et Franciscains venus au devant du roi. Un grand nombre d'enfants habillés de blanc, tenant chacun à la main un écusson aux armes de France, étaient rangés des deux côtés du chemin, et criaient *Noë! Noë! Vivo lou rey!* Le roi descendit de la mule sur laquelle il était monté, écouta avec intérêt l'histoire de ce précieux couvent, s'agenouilla devant les reliques et pria un instant.

Quel spectacle que celui de cette immense population en habits de fête, acclamant son Roi agenouillé devant les Reliques d'un pauvre Frère Mineur, Saint Antoine ! Que nous sommes loin de ces temps de foi ! Aujourd'hui, les souverains oublient que *Dieu seul est grand*, et que les saints sont plus grands que les Rois !

Louis XI donna le signal du départ ; les consuls qui l'avaient précédé dans la ville, l'attendirent à la porte des Frères, où il arriva bientôt, au milieu des chants d'allégresse : *Noël! Noël! Vivo lou Rey !* et du chant triomphal de l'église *Te Deum*. Le Roi fut reçu sous un dais magnifique, et conduit par les rues principales décorées le plus splendidement possible, jusqu'à l'hôtel de Pierre de Raynal (23 juillet 1463), où il mit pied à terre. Le lendemain, veille de Saint Jacques (24 juillet

1463), le roi entendit la messe dans l'église de Saint Pierre, située en face de l'église du collége d'aujourd'hui. Il ne reste presque plus rien de ce monument religieux (1).

---

(1) Extrait abrégé et traduit du procès-verbal écrit en Patois et intitulé : *La vénguda del Rey Loïs quant posset per sta viala ;* nous avons cherché à retrouver la mason de Pierre de Raynal où descendit le Roi, mais inutilement ; nous supposons, cependant, qu'elle se trouvait près de l'église de Saint Pierre, où le Roi entendit la messe.

CHAPITRE TROISIÈME.

—

Les vicomtes de Turenne se font ensevelir dans le couvent des Cordeliers.

Funérailles de François II de La Tour.

Le Couvent de Saint Antoine et les Calvinistes

Martyre de deux Franciscains. — Démolition des trois couvents

des Cordeliers, des Clarisses et des Dominicains.

Depuis 1480 jusqu'à 1593.

—

Cependant, comme nous venons de le voir, le couvent des Cordeliers avait pris des accroissements assez impor-tants; malgré l'invasion des Anglais, et le brigandage de pillards agissant au nom des barons de Malemort, ou des vicomtes de Turenne, les habitants de Brive conservaient

pour les pauvres Frères Mineurs, une grande considération fondée surtout sur la régularité de leur vie édifiante.

Les puissants protecteurs du couvent, depuis Raymond
IV, son fondateur, se faisaient un honneur de demander
que leur dépouille mortelle reposât à l'ombre du cloître,
ou sous les dalles de la chapelle; ils se confiaient à la
garde des Pères et à leur prière incessante dans le saint
lieu. Vers 1480, Anne de Beaufort, femme d'Agnet de
La Tour est inhumée aux Cordeliers; Anact de La Tour,
quatrième du nom, en 1489; François de La Tour en
1494, Antoine de La Tour frère d'Agnet de La Tour en
1528, obtinrent pour lieu de sépulture cet asile de la
prière et de la pauvreté volontaire. François II de La
Tour, fils du précédent et d'Antoinette de Pons, eut des
funérailles trop extraordinaires pour que nous n'en don-
nions pas, du moins, les détails principaux.

Mort en 1532 auprès de François Ier, qui était avec la
cour à Villèches, près de Châteaubriant en Bretagne, il
avait demandé que son corps fût transporté et enseveli
aux Cordeliers de Brive. Le Roi, qui regrettait en lui un
serviteur plein de mérite, et d'une vie sans reproche, un
soldat, dont il avait fait le lieutenant-général de son armée
d'Italie, et qui lui avait rendu de grands services dans
différentes missions difficiles qu'il lui avait confiées,
François Ier ordonna que les obsèques du vicomte de

Turenne fussent faites avec tout l'éclat possible, et une magnificence royale.

Tout ce que le Haut et le Bas-Limousin, le Quercy et le Périgord avaient de grands seigneurs, se donna rendez-vous à Brive, pour recevoir le convoi de François II, vicomte de Turenne. Celui-ci arriva accompagné des Labertrandie, Miramont, Cornil du Quercy, le seigneur de Ligones, le baron de Durfort et une foule d'autres grands personnages.

Les seigneurs de la famille et du grand deuil se trouvèrent au pont de Corrèze ; c'étaient, MM. de Pompadour mené par Mgr l'Evêque de Tulle, de Ribeyrac par Mgr l'Evêque de Sarlat et de Périgueux, et de Mirambeau conduit par l'abbé de Saint-Chamant ; ils étaient suivis de tous les parents et gentilhommes du pays, dont le chroniqueur porte le nombre à plus de mille, et celui des prêtres ou religieux à dix-neuf cents. Mgr l'Evêque de Périgueux présida à cette imposante et funèbre cérémonie dans l'église des Cordeliers, où le corps fut inhumé ; des aumônes furent distribuées à près de cinq mille pauvres venus de tous les environs (1)

Le seizième siècle s'ouvrait menaçant d'orages et de guerres terribles. Les Cordeliers, comme les Dominicains et les Clarisses, établis en dehors des fortifications

---

(1) Plusieurs vicomtes de Turenne eurent leur tombeau à l'entrée et sous le porche de la cathédrale de Tulle.

de la ville, avaient pleuré bien des fois sur les désolations qui venaient, comme, périodiquement, éprouver la ville de Brive; plus d'une fois ils en avaient été les victimes. Quoique vénérés par les populations qui n'oubliaient ni Saint Antoine, ni ses grottes, ils avaient dû subir les attaques et les spoliations des hordes de malfaiteurs, qui de loin en loin parcouraient le pays, ravageant tout sur leur passage ! mais un plus terrible fléau allait fondre sur nos contrées ! Les guerres de religion commençaient à répandre leurs sinistres lueurs. Les Calvinistes s'emparaient de beaucoup de localités, et y portaient la désolation et la mort ; Turenne devient bientôt le boulevard et le centre de leurs opérations. Un de ses maîtres, Henri de la Tour, fut, dans le pays, l'appui le plus puissant des hérétiques ; dès lors les couvents eurent à souffrir. (2)

L'hospice de Saint Antoine eut, le premier, à subir

---

(2) La longue faiblesse, plutôt politique que sincère, d'Henri de la Tour, oublieux de la fidélité de ses aïeux sur les champs de bataille, en Terre Sainte, ou dans les plaines du Midi de la France contre les Albigeois, a été bien rachetée par les vertus civiques et religieuses des membres de cette puissante famille, qui se sont illustrés dans les rangs de l'armée ou du clergé.

De nos jours, sur le siége métropolitain de notre province, rayonne par ses talents, sa piété et sa fidélité à l'Eglise et à l'immortel Pie IX, Monseigneur *Charles Amable de La Tour d'Auvergne* archevêque de Bourges.

les brutalités sauvages de ces sectaires. C'était vers 1565 ; après une lutte, sans doute terrible, soutenue par les habitants de Brive contre le vicomte de Turenne, ou un de ses farouches lieutenants, le couvent de Saint Antoine fut démoli en partie ; deux religieux y versèrent leur sang pour la foi ; moins alertes ou plus tenaces que les autres, ils ne purent pas suivre leurs défenseurs. Surpris par l'ennemi, comme à cette distance de la ville cela était facile, les Pères *Antoine de Bellevue, Antonius de pulchro visu,* et *Etienne de la Borde, ou des Bordes, Stephanus de Bordâ,* se trouvèrent en face d'ennemis insolents et cruels : sommés par les hérétiques de renoncer à leur foi en la présence réelle de Notre-Seigneur Jésus-Christ au Très-Saint-Sacrement de l'autel, nos bons Franciscains répondirent par un acte de foi ; affranchissez-vous donc de la soumission à l'Eglise Romaine et au Pape, reprirent les impies ; une seconde fois nos vénérables Pères affirmèrent leur foi à l'Eglise et au Souverain-Pontife, et reprochèrent avec indignation leur impiété aux hérétiques ; hors de l'Eglise Romaine, il n'y a point de salut, disaient-ils ; ils furent, sur le champ, lâchement assassinés, le 20 avril 1565. et le couvent fut en partie démoli, disent François de Gonzague et Wading. (1)

---

(3) Nec id solùm facinoris perpetrârunt nefarii hœretici ; sed et catholicissimos patres Fratrem Stephanum de Bordâ ac Fratrem Antonium

Qui nous dira les scènes de profanation dont furent témoins ces lieux sanctifiés par l'apparition de la Très-Sainte Vierge, et les austérités d'Antoine? Le couvent fut, comme nous venons de le voir, saccagé et incendié en partie, l'église pillée et profanée. Sur cette roche où avaient coulé les larmes d'un Franciscain pénitent, coula le sang de ses Frères et successeurs, martyrs de leur dévoûment à l'Eglise catholique !

Quelques années plus tard, après une période pacifique, il y eut une reprise des hostilités et une recrudescence de haine. Alors le Père Bernardin Molmier fut massacré par les hérétiques, dans les environs de Gourdon en Quercy, lorsqu'il se rendait à son couvent de *Saint Antoine de Padoue*, dont il venait d'être nommé le gardien. c'était le six du mois de juin 1579.

L'année suivante, 1580, les huguenots, conduits par un nommé *Vivans*, ruinèrent absolument le monastère si florissant des Dominicains, après avoir pillé leur église et enlevé l'argenterie et les précieux reliquaires qui s'y trouvaient. La ville leur céda quelques maisons situées près de l'église de Saint Libéral, et leur donna, pour faire leurs offices, la jouissance de cette église, qui était une annexe de la cure de Saint Martin, et sous

---

de Pulchro Visu, quod eorum impietatem detestarentur. quodque extra
ᵣRomanam ecclesiam salutem inveniri negabant, funestis gladiis confode-
unt.   Origine de l'ordre séraphique par François de Gonzague.

le patronage des consuls. Ils y restèrent au moins un siècle ; en 1682, ils n'avaient encore refait dans leur couvent, où ils étaient revenus, que le dortoir et l'église. Autour de celle-ci, ils placèrent une litre aux armes de Noailles, ce qui prouve que les seigneurs de cette famille furent les seconds fondateurs du couvent.

Toutefois, si le massacre des religieux, si le pillage des églises et l'incendie étaient une terrible épreuve, une suprême douleur était réservée à nos pieux Franciscains. Les consuls de la ville, en présence des faits monstrueux commis par les hérétiques, et devant les attaques sans cesse renouvelées contre Brive, durent se préparer à une formidable défense. Ils décidèrent sur la proposition du gouverneur, *sire de Ventadour*, que les couvents des Cordeliers, de Sainte Claire et des Dominicains, qui se trouvaient en dehors des fortifications, seraient démolis, et que les matériaux de ces établissements serviraient ou à la consolidation ou à la reconstruction des murs d'enceinte.

Cette résolution, malheureusement trop bien motivée, remplit de douleur les cordeliers. Sans doute ils s'inclinaient devant une nécessité impérieuse ; en effet, il était facile aux ennemis de s'emparer de leur maison, de s'y établir et de s'y fortifier de façon à être une menace permanente et sérieuse contre la ville ; mais d'un autre côté, quitter cette terre qu'avait choisie Antoine, ces murs dont il avait béni les fondements, et dont une partie l'avait abrité, en un mot, abandonner, pour le voir démolir, ce toit sous lequel le Saint avait vécu, c'était pour eux une épreuve mille fois plus pénible que tous les désagréments qu'aurait pu leur occasionner la présence des hérétiques. Ils se résignèrent cependant et quittèrent leur cher asile près de quatre fois séculaire. La ville leur offrit pour demeure une maison située près de l'église de Saint Pierre, dont il reste quelques ruines en face du collège.

Les Clarisses reçurent, en compensation de leur monastère, un logement à l'extrémité opposée de la ville, dans l'emplacement où se trouve la rue qui porte encore leur nom ; elles y restèrent jusqu'à la dispersion des ordres religieux par les révolutionnaires du 18ᵉ siècle.

Vers 1593, Henri IV offrit aux ligueurs, si puissants dans notre pays, un armistice de trois ans, qui fut le signal de la paix tant désirée, et définitivement consacrée, peu de temps après, par l'abjuration du roi.

Qu'était devenu depuis une trentaine d'années l'hospice de Saint Antoine ? en partie démoli en 1565, les pères Franciscains n'avaient pu y continuer leur résidence. Les rares chroniques, du reste, n'en parlent pas ; mais ce qui nous prouve qu'il ne fut pas abandonné par la piété et la confiance des fidèles, c'est l'autorité d'un vieux manuscrit de 1662, qui établit, d'une manière concise, l'histoire au moins de tout le dix-septième siècle ; dans ce document sans nom d'auteur, nous lisons textuellement ces paroles : *Après le décès de Saint Antoine, qui eut lieu à Padoue en 1231, ce rocher fut consacré à l'honneur de ce saint, où la dévotion croissant avec les miracles, il est aujourd'hui très-fameux et très-fréquenté.* »

CHAPITRE QUATRIÈME

—

—

Nos religieuses populations, que nous avons vues venir aux grottes de Saint Antoiee, pendant au moins le quinzième et le seizième siècle, y venaient donc encore pendant le dix-septième siècle, quoique les Pères eussent quitté le couvent. Malgré les malheurs du temps, et peut-être à cause de ces malheurs, elles allaient là-haut invoquer leur puissant et toujours cher protecteur, et chercher un refuge auprès de Notre-Dame-de-Bon-Secours. Les fidèles espéraient que celui qui avait réduit au silence les hérétiques au 13e siècle, et calmé leurs fureurs, leur viendrait en aide. Il est remarquable que les ennemis de l'Eglise, quand ils se lèvent contre elle, sont toujours animés d'une rage infernale, d'une haine satanique qui les pousse aux excès les plus violents; *nil novi* !

Pillés d'un côté par une soldatesque sauvage qui parcourait le pays, décimés de l'autre par la famine et la peste qui firent tant de victimes dans nos contrées à cette époque, les peuples allaient dans leur détresse, supplier Saint Antoine, qu'on n'invoque jamais en vain dans les discordes civiles, d'obtenir la cessation des terribles fléaux qui les écrasaient.

Nos pauvres Franciscains avaient retrouvé le chemin de leur précieux sanctuaire ; avec leurs frères les Récollets, établis à Brive dans ce temps-là, 1612, par la noble famille de Noailles, ils s'y rendaient souvent ; là, gémissant et priant, ils sollicitaient de Saint Antoine, auquel le monde entier demande la grâce de retrouver les objets perdus, ils sollicitaient, disons-nous, la faveur de recouvrer leur cher couvent perdu, et la paix de l'Eglise.

Aussi quand la paix fut rendue à l'Eglise, quand des réglements eurent mis fin aux guerres religieuses, les

Cordeliers se hâtèrent de rentrer en possession des ruines de leur couvent. En quelle année ? nous n'en savons rien au juste ; mais il est évident que ce fut dès les commencement du XVIIme siècle ; en effet, puisque les Récollets purent s'établir dans Brive en 1612, la liberté religieuse triomphait donc ; d'autres fondations religieuses eurent lieu dans ces mêmes années, nous en parlerons bientôt ; en 1624, les Dominicains reprirent la propriété de leur ancienne maison, et se mirent à la reconstruire, et nous avons vu qu'en 1682, ils n'avaient encore terminé que l'église et un dortoir ; les Cordeliers s'empressèrent donc aussi de revenir à leur couvent tant regretté ; ils mirent plus d'empressement et d'activité dans les travaux de reconstruction, puisque en 1656 tout était probablement terminé ; nous avons trouvé cette date 1656, sur une énorme pierre qui sert de manteau à la cheminée de la cuisine du monastère actuel des Ursulines, couvent des Cordeliers d'autrefois.

De plus, en 1657 le 14 octobre, eut lieu dans ce couvent la tenue d'un Chapitre provincial ; or, ces sortes d'Assemblées ne peuvent avoir lieu que dans des couvents très-importants, tant à cause du logement que de la nourriture des Pères nombreux qui y sont convoqués. Nous avons lieu, par conséquent, de conclure que les Cordeliers étaient dans leur couvent au plus tard en 1656. Les historiens et les chroniqueurs de la ville de

Brive, semblent tous affecter de faire remarquer le désintéressement des Cordeliers , qui rentrèrent dans leur
ancien couvent complétement ruiné, sans demander à la
ville aucune indemnité, tandis que les Dominicains exigè-
rent une indemnité, trente-trois mille livres, disent les
uns, vingt-trois selon les autres (ce qui était une somme
considérable) ; ils gardèrent comme gage l'église de Saint
Libéral qu'ils ne voulurent jamais restituer, malgré les
réclamatious des consuls et des différents curés de Saint
Martin auxquels elle appartenait.

Les exigences des Dominicains leur firent perdre beaucoup de leur considération et de leur influence, et le
désintéressement des Cordeliers produisit naturellement
un effet contraire.

Nous croyons devoir donner ici un résumé du procès-
verbal, par lequel il constate que les chanoines de Saint
Martin accordèrent certains privilèges aux Cordeliers, à
l'occasion du Chapitre Provincial tenu dans leur couvent.

Le 14 octobre 1657, le R. Père Jean Bonnet , gardien
du couvent des Cordeliers de la présente ville, en présence de Germain Chastaing notaire royal, demande à
messieurs les Chanoines de Saint Martin, *Pierre Mail-
lard* trésorier, *Philibert* de *Léonard, S*^r *de Faugeras,*
docteur en Théologie, Curé de Saint Sernin et vicaire-
général de l'église de saint Martin, *François Laplasse*

infirmier, *Jean Dubois* et *Pierre Vielbans,* demande, disons-nous, la permission de faire, selon l'usage de l'Ordre, une procession autour de la ville, au son de la grande cloche, et célébrer une grand'messe dans ladite église de Saint Martin.

Les Chanoines agréèrent la demande du R. P. Bonnet, mais, néanmoins, sans tirer à conséquence pour l'avenir, et sans que les dits Pères pussent inférer aucun avantage ni privilège de ladite permission.

Cet acte est rédigé par le notaire Germain Chastaing, signé par lui, par les chanoines sus-nommés et par *Etienne Chalvet* prêtre recteur de l'hôtel Dieu Notre-Dame, majeur, *Jean Beynette* prêtre de Saint Martin et vicaire de Saint Sernin.

Nous avons trouvé un autre acte d'après lequel, les Pères récollets obtinrent la même permission, six ans plus tard, sauf la sonnerie de la grande cloche, dont il n'est fait aucune mention ; du reste les noms des chanoines sont les mêmes, plus *Philibert* de la *Jugie,* prieur de Saint Pierre et *François* de *Géraud, chanoine,* et les réserves sont les mêmes. [1]

Quoiqu'il en soit, ces chapitres provinciaux tenus

---

[1] Extrait abrégé d'un cahier d'actes capitulaires dont le rédacteur fait remarquer avec quel soin jaloux les chanoines de Saint Martin entendaient conserver tous leurs droits et privilèges.

dans les couvents de Brive, (les Dominicains en eurent un et 1346), prouvent que ces maisons étaient très-importantes.

Nous nous permettons de quitter ici nos Pères Cordeliers, pour dire quelques mots des fondations religieuses qui eurent lieu à Brive, à cette époque. Nous les retrouverons ensuite, pour ne plus nous en séparer jusqu'à la grande ruine de 1793. Il nous semble que dans nos temps troublés et qui ont des rapports si frappants avec ceux que vient de parcourir notre histoire, l'on ne saurait jamais trop rappeler à la mémoire des contemporains, les noms des bienfaiteurs qui ne sont plus, et leurs généreux bienfaits. Le bien est provocateur du bien !

Messire Antoine de l'Estang, président à mortier au parlement de Toulouse, frappé des résultats merveilleux pour l'éducation des jeunes filles, qu'obtenait à Toulouse la mère de *Vigier*, supérieure des Ursulines de cette ville, voulut doter Brive sa ville natale, d'une maison de cet ordre.

Il traita donc avec cette supérieure, qui consentit à lui donner deux de ses filles, les sœurs de *Capdeville* et *Marie* de *Grison*. Brive devenait la première succursale de la maison de Toulouse, qui, elle même, était la première succursale de la maison de Paris instituée en 1537 par madame de Sainte-Beuve, la riche et pieuse veuve de M. de Sainte-Beuve, conseiller au parlement de Paris.

Les deux sœurs de Capdeville et Marie de Grison, ne se rendirent à Brive que le 4 du mois de juin de l'année suivante, 1608. Logées et nourries tont d'abord par M. de l'Estang, elles prirent bientôt possession de la maison que leur avait fait préparer leur généreux fondateur, après l'assentiment de Mgr Henri de la Marthonie évêque du diocèse, (Limoges), et celui de MM. les consuls de la ville. Antoine de l'Estang fit à chacune d'elles une pension de cent livres, qui fut plus tard augmentée de plusieurs dons faits par des personnes pieuses de Brive.

En 1612, le Pape Paul V institua en ordre religieux les différentes congrégations d'Ursulines ; la mère de Capdeville partit pour Toulouse avec une de ses sœurs, la mère de Raymond, pour s'initier à la vie religieuse et cloîtrée, sous la règle de Saint Augustin. Quand elle fut de retour à Brive, elle s'empressa d'inviter ses sœurs à prendre l'habit religieux et à faire profession ; elles répondirent au vœu de leur supérieure, et en 1617 une imposante cérémonie religieuse avait lieu dans l'église du monastère, en présence de toutes les autorités de la ville et d'un grand nombre d'habitants.

La sœur de Grison succéda, sous le nom de sœur

de Saint Jean, dans le gouvernement de cette maison, à la mère de Capdeville. Elle mourut pleine de mérites, le 21 octobre 1629. La vénérable fondatrice de Capdeville mourut en odeur de sainteté en 1653 ; il parait qu'on avait une si haute idée de ses vertus, qu'on se partagea ses dépouilles ; ceux qui eurent le bonheur d'en avoir quelque lambeau, ou quelques grains de son chapelet, les gardaient comme de précieuses reliques.

De cette maison de Brive, partirent pour Angoulême vers la fin de l'année 1627, cinq religieuses et une sœur converse, demandées par les magistrats de cette ville, pour élever chrétiennement les jeunes filles de ce pays. Leur première supérieure fut *Eléonore* de *Nesmond* issue de la famille noble de ce nom.

La sage administration des Ursulines de Brive, leur piété et leur savoir, rendirent leur monastère l'un des plus puissants et des plus recherchés de la province. Quelques chroniqueurs assurent que la Supérieure portait une crosse d'argent dans les grandes solennités.

Proscrites en 1789 comme tous les ordres religieux, elles quittèrent en pleurant la demeure qu'elles avaient choisie, et l'abandonnèrent au vandalisme brutal de la révolution. Au commencement de ce siècle, on voyait le magnifique monastère de Sainte Ursule dans la rue qui porte son nom, à côté du collège tenu par les doctrinaires, et s'étendant jusqu'à l'église de Saint

Libéral, au lieu et place des bâtiments nouveaux de la maison Latour.

En 1618, le même Antoine de l'Estang appela à Brive les Doctrinaires pour prendre la direction du collége qui venait d'être enlevée aux Dominicains. Les nouveaux maîtres relevèrent la discipline qui laissait à désirer, et donnèrent aux études une forte impulsion. Ils obtinrent des succès brillants, aussi réunirent-ils bientôt un grand nombre d'élèves. Les hommes les plus remarquables de Brive dans le 18° siècle, avaient été élevés dans cet établissement. Ce fut sous l'administration de ces religieux que la ville donna à ce monument les proportions qu'il a encore aujourd'hui.

Aucune ville, dit Marvaud, ne l'emporta sur Brive, par le nombre des établissements religieux, ou d'utilité publique. Bourgeoisie et noblesse se disputaient l'honneur de ces fondations. M. de la Marque marquis de Cosnac, fondait en 1647 un établissement appelé Petit Séminaire de la Marque ; douze bourses y étaient assurées pour autant d'étudiants pauvres. Une partie de cette maison existe encore dans la rue des sœurs, au côté nord et près de l'église de Saint Sernin. Qu'on ne dise pas, continue M. Marvaud, que ces fondations étaient opposées à l'esprit du temps, elles n'en étaient que l'expression. Les mœurs publiques avaient là des garanties qu'on ne retrouve plus ; la vertu était plus admirée qu'aujourd'hui, et le vice plus flétri.

Les magistrats de la ville rivalisaient d'efforts et de zèle avec les familles puissantes du pays. De tout temps, ils avaient trouvé auprès des couvents, bons conseils et encouragements au milieu de leurs différentes épreuves. Aussi, ils encourageaient encore toutes les œuvres qui pouvaient édifier leurs concitoyens, ou les protéger ; on croyait en Dieu dans ces temps-là, et à l'efficacité de la prière.

A peine Sainte Thérèse avait-elle opéré en Espagne l'austère réforme du Carmel, en 1660, qu'une colonie de ces religieuses fut demandée par M. le président Dumas, qui eut la joie de lui donner trois de ses filles ; elles vinrent s'établir à Brive en 1663, conduites par l'abbé de *Grammont,* près de la porte de Barbecane, dans un quartier qui porte encore leur nom. [1]

Mais la misère fut si grande qu'elles ne purent rester que jusqu'en 1692 ; elles durent se rendre à cette époque à Limoges, et se réunir à leurs sœurs de cette ville ; quelques années plus tard, elles furent autorisées à vendre les immeubles qu'elles avaient laissés dans la ville de Brive.

---

[1] Rue des Carmélites.

CHAPITRE CINQUIÈME

—

Tableaux, statues dans le sanctuaire de Saint Antoine. — Etude
rapide sur le sanctuaire. — Exorcismes à Saint Antoine. —
Révolution de 1789. — Depuis 1663 jusqu'à 1789.

—

Pendant que dans l'intérieur de Brive, s'accomplissaient toutes ces merveilleuses manifestations de la Foi
publique, nos Pères Cordeliers avaient relevé leur couvent de ses ruines. Les guerres religieuses avaient pris
fin, et les Fils de Saint François, dans l'intérieur de leur
cloître, se livraient en paix à l'accomplissement de leurs
devoirs ; à l'extérieur, ils évangélisaient et édifiaient les
populations. Toutefois, ils durent s'occuper alors, et
concurremment avec la reconstruction du couvent de la

ville, ou immédiatement après, de l'Hospice de Saint Antoine, car des prodiges de miséricorde s'y accomplissaient par l'intercession du puissant Patron de ce sanctuaire. Deux tableaux que nous y avons trouvés et qui y sont encore, témoignent en effet, du moins l'un, de quelque faveur obtenue par un membre d'une des grandes familles du pays ; c'est évidemment un ex-voto exécuté d'après les ordres d'une famille alliée aux Turenne, comme le prouve un écusson déchiré à moitié, qui est peint au bas du tableau.

Celui qui est placé à droite, et vis-à-vis du précédent, nous montre Saint Antoine recevant de Saint-François la mission d'enseigner la Théologie. Le saint patriarche des Frères Mineurs tend à son Frère Antoine une cédule sur laquelle on lit ces mots : *Placet studium cum pietate*, l'étude unie à la piété me fait plaisir,

Quoique grossièrement exécutés l'un et l'autre en 1682, ces tableaux sont là néanmoins, comme des témoins vénérables de la piété et du concours des fidèles au sanctuaire bien-aimé, vers la fin du XVIIme siècle.

Au commencement du dix-huitième siècle, dont la fin devait leur être si fatale, nos Pères se sont occupés de la restauration et de l'embellissement de la Chapelle de Saint-Antoine.

En 1711 ils refirent l'autel ; le retable qu'on y voit encore au fond du sanctuaire et sous la roche brute, telle que le bon Dieu l'a faite, le retable en bois, assez bien conçu, est sculpté dans le goût de cette époque. Quatre colonnes torses enlacées de pampres supportent un fronton au milieu duquel se trouve un beau médaillon de la Sainte Vierge : il y a du côté de l'évangile une statue de Saint François, de l'autre côté une statue de Saint Antoine ; dans une niche, au dessus de l'arc triomphal qui sépare le sanctuaire dela nef, est placée une statue de Saint Louis, évêque de Toulouse, un des saints du premier ordre des Frères Mineurs.

Tout cela est l'œuvre d'habiles ouvriers de Tulle, les frères Duhamel, qui exécutèrent, vers la même époque, des travaux de ce genre dans plusieurs églises du pays, à Allassac notamment et à Naves, près de Tulle. (1)

Dans les réparations que nous fumes obligés de faire, en reprenant possession de ces lieux, nous trouvâmes, enfouis dans la boue, et en lambeaux derrière l'autel, les restes d'une ancienne toile ; après un examen minutieux, il nous sembla que cette toile, dans son entier, devait avoir eu plus de quatre mètres de hauteur, et trois de largeur. Autant qu'il nous fut possible de le coistater, le sujet était une apothéose, une sorte d'entrée dans la gloire céleste. Plusieurs têtes d'anges faisaient escorte à un personnage élevé dans la

---

(1) Ces autels sont très-vantés dans le pays, surtout celui de l'église de Naves.

gloire. Les vêtements (il ne restait que la partie basse du corps) étaient de couleur rouge ; un cordon blanc pendait de la ceinture, et on distinguait très-bien un des trois nœuds du cordon Franciscain ; les pieds étaient chaussés de sandales. Quel était ce personnage ? nous n'avions que des présomptions ; peut-être était-ce Saint Bonaventure, si dévot à Saint Antoine ?

Quoiqu'il en soit, la présence de cette toile nous donna la pensée que ce tableau couvrait le fond de la chapelle, derrière l'Autel, et que celui-ci était autrefois plus en avant dans le sanctuaire, sous l'ouverture qui ressemble à une sorte de coupole naturelle.

Pendant que nos bons Frères Mineurs embellissaient et réparaient la chapelle, quelques cellules étaient relevées dans les ruines de l'ancien couvent encore teint peut-être du sang de leurs deux Frères martyrs. Elles furent habitées probablement par trois ou quatre religieux, sinon d'une manière permanente, du moins de temps en temps, surtout aux époques où les pèlerins venaient en foule. Saint Antoine et Notre-Dame-de-Bon-Secours attiraient toujours vers la sainte colline et sous ses grottes bénies , toutes les misères , les douleurs, les peines physiques ou morales.

Les mères vouaient leurs jeunes enfants à Saint Antoine, et avaient hâte de les porter au sanctuaire pour les faire bénir ; ce vœu des mères, les enfants devenus des hommes l'accomplissaient eux-mêmes plus tard, et avec une constance vraiment étonnante. Nous avons été, bien des fois, ému jusqu'aux larmes, au récit des vieillards qui nous affirmaient leur fidélité à venir en ces lieux, tous les ans, depuis cinquante années ! Et certes nous ne les interrogions pas tous ! Voilà ce qu'on faisait avant et pendant le dix-huitième siècle, voilà ce qu'on a continué de faire pendant le dix-neuvième siècle ; mais n'anticipons pas sur les événements. (1)

Les réparations que les Cordeliers firent exécuter au précieux sanctuaire, en 1711 et en 1768, nous sont une nouvelle preuve que les fidèles continuaient à y accourir. Les Pères venaient d'avoir à supporter de très-lourdes charges pour la reconstruction de leur couvent de Brive ; il ne fallait rien moins que l'intention de correspondre à la piété et à la constance des pèlerins, pour leur faire accepter les charges nouvelles que leur

---

(1) Vers le milieu du dix-huitième siècle, en 1740, les religieuses de la maison de Nevers furent appelées à Brive. On leur confia la direction de l'hospice et du bureau de bienfaisance dit la Cure. Aujourd'hui elles ont dans la ville cinq établissements ; les deux dont nous venons de parler, et de plus le beau pensionnat dit de *Sainte-Marie*, pour l'instruction et l'éducation des jeunes personnes, l'orphelinat de Champanatier fondé par la libéralité de madame de *Mirat*, et la vaste maison de la Providence, orphelinat,) qui témoigne du zèle de M. Broquin, curé de la paroisse de Saint Martin.

imposaient les réparations au sanctuaire de Saint Antoine. Aussi ne sommes-nous pas étonnés d'y trouver dans le courant du dix-huitième siècle, deux faits qui nous sont encore un gage de la vénération extraordinaire qu'on avait pour ce saint lieu et son patron puissant. Nous voulons parler des exorcismes qui eurent lieu dans la chapelle de Saint Antoine.

Le premier eut lieu vers 1775 ; Martial Chantalat, mon grand père, (nous disait un excellente chrétienne,) racontait souvent, autrefois, cette cérémonie comme en ayant été le témoin. Il avait aidé à conduire une jeune fille possédée du démon, dans l'église des Cordeliers, où 'eurent lieu les premiers exorcismes ; on la mena ensuite à Saint Antoine, et c'est là qu'elle fut guérie devant une foule énorme quit l'avait suivie.

Le second eut lieu vers 1790. Il n'y avait plus alors de Franciscains à Brive ; la loi révolutionnaire avait dispersé les paisibles habitants de nos monastères. Ce fut un doctrinaire qui présida à cette émouvante cérémonie. La possédée était une jeune personne de la paroisse de Noailles ; une multitude de curieux s'était rendue au sanctuaire privilégié ; le démon n'abandonna sa malheureuse victime que vers le milieu de la nuit.

Nous venons de le dire, nos couvents étaient déserts ; lorsque l'horrible tempête qui couronnait si tristement les pitoyables désordres du dix-huitième siècle éclata

sur la France, les religieux de Brive n'étaient plus
là, ils avaient été obligés, comme ceux d'ailleurs, de
quitter leur couvent et notre hermitage six fois séculaire. Ils se cachàient pour échapper aux conséquen-
ces des lois brutales et despotiques de la révolution,
ou bien, ils allaient demander à la terre étrangère,
une hospitalité et une sécurité qu'ils ne trouvaient
plus dans leur patrie. La plupart des couvents furent
confisqués ou vendus au profit de la nation. Celui des
Cordeliers de Brive ne fut pas aliéné.

La chapelle fut certainement profanée, les statues furent brisées et les tableaux déchirés. Dans l'intérieur du
couvent, il n'y avait rien à prendre, car les Pères étaient
pauvres et de fait et par vœu ; mais la bibliothèque et les
archives furent comme partout, pillées ; il ne resta donc
que des murs sévères, des cloîtres silencieux, et des
cellules sans habitants et sans vie, au milieu desquels
s'étaient sanctifiés les Fils de Saint François.

Vingt ans plus tard, nous y verrons reparaîre l'activité
sainte de la vie religieuse, sous un autre costume, et
sous une autre règle.

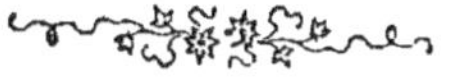

CHAPITRE SIXIÈME.

—

Depuis 1789 jusqu'en 1873

Mais que devenait notre chère colline de Saint Antoine, avec son hospice et ses grottes où le Thaumaturge du treizième siècle pria et fit pénitence ? Hélas ! tous ces trésors passaient en des mains vulgaires (1). Nous nous empressons cependant de déclarer que, si toutes choses ne furent pas faites là haut avec une régularité à l'abri de reproches, les propriétaires néanmoins ont conservé ces lieux bénis, la chapelle et les grottes surtout, avec un soin et des ménagements presque religieux. Peut-être

(1) Avril 1791.

quelques objets qui ornaient le sanctuaire ont disparu ;
les ornements, les vases sacrés, les reliques, que sont-
ils devenus? nul ne le sait aujourd'hui ; mais le retable,
les statues, les deux tableaux sont restés intacts de
toute profanation ; le temps seul et l'humidité y firent
quelques ravages. Aussi, malgré la terreur qui pesait
sur les âmes religieuses pendant cette tourmente révolutionnaire, Saint Antoine ne fut pas complètement
délaissé. L'on y vit toujours venir, publiquement ou
en secret, des fidèles invoquer le Saint si populaire.
A genoux sur l'herbe qui croissait au devant des grottes,
ils maintenaient les pieuses traditions.

Mais Jésus-Christ n'était plus dans la maison de
son grand Serviteur. Les Anges n'étaient plus là, pour
recueillir, dans leurs encensoirs d'or, les prières des
fidèles, et les balancer devant le trône de Celui qui
dispense à son gré les faveurs et les miséricordes! Ils
avaient secoué leurs ailes en disant : *sortons d'ici.*

Les chants sacrés de l'office divin ne s'y faisaient plus
entendre ni la nuit ni le jour, et les cérémonies vivi-
fiantes de l'Eglise n'animaient plus le sanctuaire, froid
désormais comme la roche glacée dans le sein de laquelle il était assis. Symbole de la grâce qui coulait
autrefois dans les âmes par l'intercession de Saint
Antoine, l'eau qui se détachait goutte à goutte des

flancs du rocher, n'était plus maintenant que le signe du deuil et de la tristesse de ces lieux désolés !

Cependant, la confiance pieusement entêtée des populations. ne se rebutait pas ; à mesure que la révolution s'usait par ses excès, il devenait moins rare de rencontrer dévotement agenouillés devant les grottes, ou dans l'intérieur de la chapelle, des fidèles revenus pour remercier Saint Antoine de quelque bienfait reçu. Un peu plus tard, quand la liberté fut rendue à l'Eglise, les Pèlerins reprirent, avec bonheur et en grand nombre, le chemin des grottes de Saint Antoine ; tant était profondément enracinée dans les cœurs, la confiance dans le saint Thaumaturge. Ah ! c'est qu'il est plus facile d'anéantir des multitudes à coup de canon, que de démolir des forteresses et des églises, que d'arracher le sentiment religieux de l'âme des peuples !

Ce concours devait se continuer du quinze août au quinze septembre de chaque année, pendant quatre-vingt-deux ans, alors même que l'église n'était plus là, pour accueillir et bénir les âmes ! qui donc n'a pas vu ces *Romieux*, c'est-à-dire pèlerins arrivant par groupes, s'acheminant tranquillement à travers les rues de Brive, vers Saint Antoine. Arrivés là, ils déposaient un petit cierge de quelques centimes, faisaient une courte prière, remplissaient une fiole de l'eau miraculeuse, et reprenaient le chemin de leurs demeures, situées souvent à des distances très éloignées, plus de trente et quarante kilomètres. Nous y en avons rencontré qui venaient de la paroisse de Millevaches, située à l'extrémité nord du diocèse de Tulle ; ceux-ci avaient donc parcouru, pour le moins, quatre-vingts kilomètres.

Mais jetons un voile sur ces trois quarts de siècle, soyons discrets et patients comme les pierres du sanctuaire, qui tressaillent de bonheur aujourd'hui ! Quittons nos grottes bien aimées, l'heure de la revendication va sonner, nous remonterons à Saint Antoine, et nous serons chez nous.

Le concordat venait d'être signé, le culte catholique recouvrait la liberté ; quelques pieuses filles de Sainte Ursule dont le monastère avait été aliéné et l'église détruite, pensèrent à se réunir, à reprendre en commun leurs exercices religieux, et à se dévouer de nouveau à l'instruction des jeunes filles de Brive. Bientôt, elles furent trop à l'étroit ; c'est alors qu'une d'elles eut l'inspiration de faire demander au gouvernement de l'empereur Napoléon Ier, le couvent sans maître, des Cordeliers. L'une de ces religieuses de la famille Cabanis de Cosnac, avait un frère à Paris, qui était en grande faveur auprès de Napoléon ; c'était le célèbre physiologiste Cabanis. Se rendre à Paris, solliciter l'appui de son frère, fut presque aussitôt exécuté que résolu par la bonne religieuse. Mais le savant ne donna pas grand espoir à sa pieuse sœur; les faveurs, à cette époque, n'étaient pas pour l'Eglise ni pour ses ministres. Quoiqu'il en soit, la demande fut soumise au puissant monarque, et accueillie, dit-on, par un silence glacial, presque dédaigneux. L'humble Ursuline dut revenir à Brive, toute confuse de l'insuccès de sa démarche. Quelques mois après, Napoléon au faîte de la gloire, et dans son camp impérial d'Osterode, après la bataille d'Eylau, se rappelle la demande que lui avait faite Cabanis. Par un décret signé dans ce même camp, le 10 mars 1807, l'empereur donnait ordre à ses ministres de l'intérieur et des cultes, de céder à l'association des dames Ursulines de Brive, le couvent des ci-devant Cordeliers, pour s'y livrer à l'instruction des jeunes filles,

Le vingt-six du mois de juin, 1808, ces bonnes religieuses au nombre de seize, prenaient possession de leur nouvelle demeure, où elles se rendirent en procession depuis l'église de Saint Martin, en présence des autorités de la ville et d'une foule immense. Monseigneur Dubourg, évêque de Limoges, avait daigné se rendre à Brive, pour présider cette cérémonie ; Sa Grandeur était assistée de M. de Cosnac [1] curé de la paroisse, et entourée du clergé de la ville. [2]

____

(1) *Mort depuis archevêque de Sens.*

(2) Résumé du procès-verbal de prise de possession, signé H. Serre, maire de Brive. Rebierre et Mage adjoints, Petit secrétaire.

De ce couvent des Cordeliers livré aux Ursulines, il ne reste plus aujourd'hui que la chapelle un peu agrandie et richement restaurée, plus l'aile du bâtiment construite parallèlement à la chapelle, et la plus grande partie du cloître qui avait trente mètres 50 centimètres de longueur, sur chaque façade intérieure du couvent ; tout le reste a été refait à neuf. (1)

Le monastère actuel avec son immense enclos, fait de cette maison, un des plus beaux et des plus agréables établissements d'instruction et d'éducation. Dans tous les cas la prière y nourrit les âmes, et la vie religieuse y resplendit dans toute sa perfection, comme au temps des pieux disciples de Saint François et de Saint Antoine. Du haut du Ciel, ces deux grands saints semblent bénir cette Maison, comme le jardin fermé de la Sainte Ecriture, dans lequel croissent et sont cultivées les âmes amantes de Jésus-Christ.

L'Eglise était donc rentrée en possession de ces lieux sanctifiés par la pénitence et la pauvreté ; mais il n'en était pas ainsi des grottes de Saint Antoine. A plusieurs reprises, des instances furent faites auprès des propriétaires, par les différents curés qui se succédaient à Brive, pour racheter l'antique hermitage, mais ce fut toujours

_____

(1) Nous avons vu, derrière la cuisine bâtie en 1657, deux ou trois dépendances, qui selon nous, datent de l'ancien couvent commencé sous Saint Antoine.

inutilement. Péniblement affectés de ce que les fidèles qui continuaient à s'y rendre en grand nombre, n'y trouvaient d'autre garantie que leur foi, les pasteurs résolurent de détourner les pèlerins du sanctuaire profané. Une cérémonie religieuse fut faite alors avec beaucoup de solennité, sous l'administration de M. Broquin, curé de la paroisse de Saint Martin, et un transfert de reliques authentiques de Saint Antoine eut lieu de la chapelle des Ursulines, autrefois des Cordeliers, jusqu'à l'église paroissiale de Saint Martin. Mais Dieu n'avait pas juré de laisser toujours veuf de son ancienne dévotion, le précieux sanctuaire. Il avait son heure et ses moyens, l'heure était venue.

Lorsque celui qui écrit ces lignes, envoyé par Monseigneur l'Evêque de Tulle, comme curé de la paroisse de Saint Sernin, [1] (sur le territoire de laquelle se trouvait l'ermitage tant renommé), eut pris possession de sa paroisse, un de ses premiers désirs fut de visiter cette solitude.

Accueilli très-poliment par les propriétaires, il visita en curieux tout ce qu'il y avait à voir. La désolation de ce lieu et la pensée de son antique renommée firent bondir son âme sacerdotale ; que de vœux secrets s'élançaient de son cœur, mais hélas ! sans espoir de les voir

---

(1) 1868.

jamais exaucés ! et il reprenait tristement le chemin de
la ville, quittant ces lieux qu'il ne pensait plus revoir.
Il voyait, tous les ans, les foules de Pèlerins monter à
Saint Antoine, et il détournait ses regards, l'âme navrée.

Cinq années s'écoulèrent ainsi ; mais des malheurs
terribles avaient fondu sur la France. Broyée par un in-
solent envahisseur, elle semblait expirer sous sa main de
fer. Une troisième fois le gouvernement de la Républi-
que fut proclamé, et c'est sous ce gouvernement qui
autrefois avait chassé les religieux et renversé bien des
églises, que la Divine Providence avait décrété la
revendication de cette colline fameuse. O instabilité des
choses de ce monde ! Les hommes veulent empêcher
la réalisation des plans de Dieu, et se dressent contre
Lui ; Dieu les laisse faire, car ils font, sans s'en douter,
le contraire de ce qu'ils veulent, et juste, ce que Dieu
veut, puis Il les brise, et les chasse dans la nuit de la
mort, comme le vent détache les feuilles des arbres,
et les disperse sans vie, dans l'espace.

CHAPITRE SEPTIÈME.

—

La Providence rend le sanctuaire à l'Eglise. — L'Eglise ramène
ses enfants à Saint Antoine.
Le Saint Sacrifice y est offert pour la première fois, depuis plus
de 80 ans. --
Depuis le 4 octobre 1873, jusqu'au 3 août 1874.

—

C'était le 4 octobre 1873 ; après une foule de petits
incidents dont le récit n'offrirait aucun intérêt au lecteur,
nous signâmes, avec bonheur, l'acte par lequel nous pre-
nions possession de l'Hospice de Saint Antoine et de toutes ses dépendances. Confiant dans la Divine Providence
dont nous nous sentions l'instrument, nous avions la
volonté de faire tout ce qu'elle nous inspirerait. Nous

nous rappelons encore avec quelle ivresse, nous annon-
çions la bonne nouvelle à Notre Vénérable et illustre
évêque Monseigneur Berteaud, alors au Concile de la
Province réuni au Puy. Saint Antoine était rendu à
l'Eglise, et devenait un des plus beaux fleurons de notre
cher Diocèse de Tulle. Notre âme de pasteur s'exaltait
à la pensée du trésor précieux que le bon Dieu confiait
à notre garde.

Toutefois, ce trésor n'était plus qu'une ruine, tout
était à refaire. Nous voulions le faire revivre, le sang
de la Sainte victime du calvaire devait donc y couler
au plus tôt ; *ego sum vita*, je suis la vie, disait le Sauveur. Mais il fallait pour cela, rendre au moins dé-
cente la chapelle. Nous entreprîmes immédiatement les
réparations nécessaires ; une faveur personnelle, obtenue dans ces jours là par l'intercession de Saint Antoine, aiguillonnait vivement notre zèle. [1]

Nous étions arrivés aux premiers jours de janvier

---

[1] Les témoignages de sympathie que nous recevions de toutes parts
l'excitaient aussi notre bonne volonté ; à cette occasion notre conscience et
a justice nous font un devoir impérieux de dire notre reconnaissance aux
personnes qui nous aidèrent le plus largement dans cette œuvre de reconstruction : ce sont MM, Foix, missionnaire diocésain, Graffeuil, curé d'Ussel,
Relier, curé de Saillac, Paul Massénat, notaire, Léonard Rouhaud, Saule
peintre-négociant ; et Mesdames les Ursulines de Brive, Lagorsse, Rupin,
Marchou et de Merlhac. Que Saint Antoine leur rende au centuple le bien
qu'ils nous firent par leurs encouragements.

1874 ; les réparations les plus urgentes étaient terminées, et le sanctuaire se trouvait dans des conditions
acceptables de décence et de propreté. Nous nous
rendîmes alors auprès de l'illustre évêque du diocèse ;
nous suppliâmes Sa Grandeur de vouloir bien autoriser
la bénédiction, et une inauguration provisoire de ces
lieux qui nous étaient devenus si chers ; mais, comme
la saison était très-rigoureuse, nous adressâmes au
vénérable Prélat, la prière de déléguer M. l'abbé Broquin ; c'était notre doyen et l'ancien du sacerdoce à
Brive. Monseigneur voulut bien consentir à notre
demande, avec cette condescendance tant connue, à
laquelle il a accoutumé son clergé, se réservant,
néanmoins, de présider l'inauguration solennelle, quand
les beaux jours seraient revenus. Sa Grandeur daigna
même nous donner une relique authentique de Saint
Antoine de Padoue.

Le dix-neuf janvier fut le jour choisi pour la cérémonie de la bénédiction. Au jour fixé, une immense
procession partie de l'église de Saint Sernin, se déroula
le long de la route de Toulouse jusqu'au sanctuaire
vénéré, dans lequel, après les prières liturgiques, un
nombreux clergé et les élèves du Petit-Séminaire se
pressèrent avec bonheur. L'enceinte sacrée était cent
fois trop petite pour contenir la foule, qui se résigna à
entourer, comme une garde d'honneur, les flancs de

la modeste chapelle. Tout était prêt pour l'Auguste sacrifice, et le sang du rédempteur coula sur l'autel, pour la première fois depuis plus de quatre-vingts ans. Pendant la messe, les élèves du Petit-Séminaire chantèrent un cantique composé pour la circonstance [1].
M. le curé de Saint Martin prononça une brillante allocution, qu'il termina en exprimant le vœu de voir relever d'autres ruines, et revivre d'autres souvenirs. Son vœu a été exaucé; les ruines sont relevées en partie, et les souvenirs y sont aujourd'hui des réalités qui nous édifient.

Cette prise de possession fut un petit événement; la population vit avec bonheur l'antique ermitage rendu au culte, et la preuve, c'est que nous eûmes de la peine à satisfaire toutes les demandes qui nous étaient adressées, même de diocèses éloignés, pour y célébrer le saint Sacrifice de la Messe. Le Saint patron du sanctuaire dispensait avec largesse les faveurs et les grâces; c'est surtout aux enfants qu'il se montrait bienveillant; que de mères témoigneraient au besoin de leur reconnaissance !

Le 13 du mois de juin approchait, c'était le jour de la

______

(1) Ce cantique, composé par M. l'abbé Massoulier, supérieur du petit séminaire, est très-remarquable par l'à propos historique, et presque chronologique, que l'auteur y a observé — C'est un abrégé très-fidèle de la vie du Saint. Nous le reproduisons à la fin du volume.

fête de Saint Antoine; nous eûmes la pensée de reprendre la tradition primitive. Nous demandâmes un religieux de l'observance ; le T. R. P. Provincial nous envoya le P. N. du couvent de Paris. Pendant huit jours, notre population suivit, avec bonheur, l'enseignement qui lui était donné avec une grande élévation de pensées, distinction de langage, et solidité de doctrine. Le P. N. était le premier panégyriste de Saint Antoine, dans le pays, depuis la révolution du dix-huitième siècle.

Mais nos désirs n'étaient pas encore satisfaits ; l'illustre prélat du diocèse avait promis de visiter solennellement le sanctuaire. Sa Grandeur voulut bien fixer le jour qu'elle irait prier aux grottes de Saint Antoine. Le T. R. P. Provincial de l'observance, prévenu, voulut être comme le témoin et le représentant de l'Ordre, à l'inauguration solennelle de ces lieux sanctifiés par le grand contemporain et fils de Saint François. A cette occasion, une grande joie fut accordée aux pieux Tertiaires de Brive : le deux août, fête de la Portioncule, le T. R. Provincial leur expliqua, dans un langage aussi gracieux que solide, toute la doctrine de l'Eglise sur cette incomparable indulgence.

CHAPITRE HUITIÈME

—

—

Enfin le jour tant désiré avait paru ! « Le trois août,
dit le P. B. du couvent de Bordeaux témoin oculaire,
une belle et splendide fête décorée d'un radieux soleil et
d'un ciel d'azur, attirait un brillant concours de pieux

fidèles au sanctuaire de Notre-Dame-de-Bon-Secours et de Saint Antoine de Padoue, près Brive. Les abords de l'antique oratoire et des grottes bénies s'étaient déjà parés d'arcs de triomphe et de guirlandes de fleurs ; le chemin était jonché de verdure ; la joie était sur tous les fronts. » [1]

« Depuis près d'un siècle le rocher de Saint Antoine n'appartenait plus à l'Eglise ; mais grâce au zélé Pasteur de Saint-Sernin de Brive, ce sanctuaire venait d'être rendu au culte, et l'illustre prélat du diocèse allait ce jour-là reprendre possession de ce sol sanctifié, et renouer les saintes traditions des siècles écoulés. Pour donner plus d'éclat à cette cérémonie, le docte et éloquent évêque, devait confirmer les nombreux enfants de Saint-Sernin et de deux autres paroisses des environs, Varetz et Cosnac. »

« Déjà, les enfants en habits de fête et les jeunes filles vêtues de blanc bordaient les deux côtés de l'avenue du sanctuaire trop restreint pour les recevoir dans son étroite enceinte. Déjà l'écho réjoui répétait leurs célestes cantiques, lorsque Mgr l'Evêque de Tulle apparaît, gravissant lentement la colline et distribuant autour de lui des bénédictions paternelles et d'affectueuses salutations. »

« Au bas des degrés de l'oratoire, le digne Curé de Saint-Sernin reçoit Sa Grandeur, et résume, dans les termes

-----

[1] 3 août 1874.

suivants, l'histoire du sanctuaire et les souvenirs d'Antoine qui couronne son origine.

« *Monseigneur* ,

» Un grand serviteur de Dieu venait ici , il y a bien
» près de sept siècles, *pœnitentiæ et orationis causâ*,
» nous disent les annalistes , pour prier et faire péni-
» tence. Les foules avides de sa parole inspirée, le sui-
» vaient dans sa solitude , il les instruisait et les édifiait ;
» quatre ans après il rendait , tout jeune encore , son
» âme à Dieu , et les souverains Pontifes juges infailli-
» bles d'une vie si admirable , quoique si courte ,
» décernaient à Celui que l'un d'eux avait nommé
» l'*Arche du Testament*, les honneurs de la canonisa-
» tion.

» Les fidèles ne s'y trompèrent pas ; ayant suivi le
» saint pendant sa vie , ils vinrent l'invoquer après sa
» mort , et respirer, sous ce rocher témoin de tant
» d'héroïsme divin, les parfums des vertus que le grand
» Thaumaturge y avait laissés ! probablement dans le
» 14ᵉ siècle, le concours des dévots à Saint Antoine était
» si pressé, que les enfants de Saint François ses succes-
» seurs crurent devoir, pour satisfaire à la piété des
» fidèles, construire ici, sur ces eaux que le Saint avait
» bénies et dont il s'était abreuvé, l'*hospitium* dont les
» ruines sont encore debout. Exposé, à cause de son
» isolement, à la fureur des hérétiques qui ensanglan-

» tèrent si souvent la ville de Brive, qui nous dira les
» scènes de désolation et de carnage dont il fut le
» théâtre et la victime ? il suffit de rappeler la fin
» glorieuse d'*Etienne des Bordes* et d'*Antoine de Bel-*
» levue confessant leur foi en l'Eglise romaine jusqu'à la
» mort. Puis vint la grande perturbation de 1793. Alors
» le sanctuaire tant aimé des foules fut aliéné, et ses
» anges gardiens se voilèrent de leurs ailes ; ces rochers
» sanctifiés pleurèrent leur veuvage, et chaque goutte
» qui s'échappait de leur flanc, était comme une larme
» de deuil. L'oratoire attristé ne vit plus la Sainte
» victime offerte sur l'autel ; et pourtant le peuple venait
» encore s'agenouiller sur ces dalles profanées. Le cou-
» vent était là, tournant le dos à ce qu'ils appellent la
» civilisation, attendant de Dieu et le jour et l'heure, où
» les enfants de Saint François reviendraient opposer leur
» chère pauvreté à la soif insatiable de la fortune, leur
» chasteté au désir effréné des jouissances, leur obéis-
» sance à la rage ardente d'indépendance et d'affranchis-
» sement de toute autorité. L'heure tant désirée est
» venue, *Monseigneur,* le vénéré sanctuaire est rendu
» à l'Eglise et à la piété des fidèles, les hymnes sacrées
» ont retenti de nouveau sous les flancs de ces rochers
» aimés; les anges ont repris leurs cithares d'or, et
» attendent l'Evêque que la Providence s'était choisi, le
» résurrecteur des gloires religieuses du Limousin, le

» défenseur infatigable des traditions de l'Eglise de Saint
» Martial ! c'était à vous, *Monseigneur*, le chantre
» incomparable de l'Incarnation , qu'il appartenait de
» poser un pied de maître dans le sanctuaire *unique*
» en France, où le saint que Jésus Enfant honorait de ses
» caresses, avait vécu.

» Recevez donc, *Monseigneur*, des mains du plus
» humble de vos enfants, cette perle précieuse, et
» placez-la dans l'écrin déjà si riche de votre diocèse, à
» côté des sanctuaires si nombreux et si vénérés qui
» ornent de distance en distance votre *coureuse* (1) tant
» aimée, depuis Notre-Dame d'*Eygurande* jusqu'à *Notre-*
» *Dame-la-Grande* que vous avez sortie naguère des
« poussières où l'avaient ensevelie les insanités humai-
» nes.

» Entrez donc, *Monseigneur*, et attirez sur nous tous
» les bénédictions d'en haut par vos ferventes prières ;
» réjouissez ce peuple que vous aimez, parlez-lui de
» Saint Antoine qui vous attendait pour le faire revivre. »

« Monseigneur adresse au pasteur des félicitations
dans un langage dont Il a seul le secret, puis se dirige
vers le sanctuaire ; au dessus de la porte d'entrée, une
inscription récente, (1 gravée sur une pierre blanche,

______

(1) La Corrèze, rivière surnommée *Coureuse* par Monseigneur Berteaud,
à cause de son cours précipité.

(2) *Hoc sanctuarium sancto Antonio de Paduâ dedicatum, ecclesiæ
violenter arreptum anno 1791, cultui divino et pietati fidelium restitu-
tum fuit anno 1874, favente, gratiis et munificentiâ, Illustrissimo et*

annonce déjà le fait qui se réalise en ce moment et doit
en perpétuer le souvenir mémorable. Le Pontife est
dans le sanctuaire pieusement agenouillé devant une
relique de Saint Antoine ; Dieu seul sait ce qu'un grand
Pontife qui aime tant Jésus et son Eglise, demande
pour son cher diocèse, à un grand Saint que Jésus
aimait tant ! »

« Mais le saint sacrifice commence, célébré par M.
l'abbé Térisse chanoine de la cathédrale de Tulle ;
les chants des cantiques et des hymnes se mêlent à la
voix grave du célébrant, et redisent tour à tour les
louanges de Marie immaculée et de son doux serviteur
Antoine. Au *Monstra te esse matrem* succèdent des
strophes comme celles-ci :

> Quand tu l'as vu, riant vallon de Brive
> Tu t'es levé sous ton manteau de fleurs,
> Et tes enfants dans leur âme attentive
> Ont recueilli ses divines clameurs [1]

---

*Reverendissimo in **Christo Patre D D. J.-B.-P.** Leonardo Berteaud*
Episcopo Tutelensi.

Ce sanctuaire dédié à Saint Antoine de Padoue, violemment arraché à
l'Eglise en 1791, a été rendu au culte divin et à la piété des fidèles, en
1874, à l'aide des faveurs spirituelles et matérielles de notre Père en J-C,
l'Illustrissime et Révérendissime J.-B. P. Léonard Berteaud, Evêque de
Tulle.

(1) Altè tonans. -

Il visita ce rocher solitaire

Bénit ces eaux qui chassent les douleurs,

Et répandit le parfum de prière

Qui vous attire, ô justes, ô pécheurs.

« Après la messe, le vénérable Prélat donna en plein air, aux nombreux adolescents, le sacrement de la force.

Ensuite, malgré la fatigue de cette longue cérémonie et les ardeurs d'un soleil brûlant, Sa Grandeur remonta sur le seuil du sanctuaire, et de là, laissa tomber de ses lèvres une de ces allocutions inimitables, dont nous ne pouvons donner hélas! qu'une pâle reproduction :

» Mes enfants, sur ce rocher solitaire des foules nombreuses venaient s'agenouiller et prier. Je viens aujourd'hui, Moi, l'Evêque de ce diocèse, reprendre possession, au nom de l'Eglise, de ce sanctuaire vénéré, de cette céleste colline ; oui *possession*, dans le sens étymologique de ce mot, qui veut dire *session de pied*, *sessio pedis*. C'est ainsi que les romains prenaient possession de leurs nouvelles conquêtes. Mais ce n'est pas seulement par les pieds que je reprends possession de ce lieu béni, c'est aussi par le cœur, c'est par la tête. Je me rappelle l'exemple du prince des Apôtres, qui a été crucifié la tête en bas ; et ce ne fut pas sans raison. C'est par la tête, c'est-à-dire par l'intelligence, qu'il voulait prendre possession de Rome et du monde.

» Eh bien ! mes enfants, ces lieux que vous contem-plez, ont été témoins des soupirs embrasés d'un amant passionné du Christ, d'un *diseur* harmonieux qui chantait si bien les écritures, qu'un pape Grégoire IX, le surnomma *l'Arche du Testament*. Ses commentaires sur les pages divines sont comme une cithare d'or, comme une lyre harmonieuse qui redit les hymnes les plus magnifiques en l'honneur du verbe incarné. L'en-fant Jésus, de son doigt gracieux et éloquent, avait touché sa lèvre, et lui faisait prononcer des syllabes d'or.

» Ce chantre superbe, on l'a surnommé Antoine de Padoue ; eh bien ! moi, je veux l'appeler *Antoine* de *Limoges, Antoine* de *Brive*.

» Il est venu au pays des Lémovices, il a parcouru ces vallons verdoyants et ces plaines diaprées, il a prié dans cette grotte délicieuse, encore embaumée de son séjour, il s'est désaltéré à cette source limpide qui sem-ble refléter la pureté de son âme.

» C'est ici que le doux et suave Antoine a multiplié les prodiges......

» La première fois qu'il vint au pays des Lémovices, ce grand hérault du Christ, il commença son discours par ce texte de l'Ecriture : *Ad verperum demorabitur fletus et ad matutinum lœtitia.* Eh bien ! comme au temps d'Antoine, nous avons eu, nous avions hier encore des sujets de tristesse, nous avons versé des larmes amères sur notre patrie, mais nous voyons maintenant luire l'aurore de jours meilleurs. Des foules de croyants sillonnent la France dans tous les sens ; elles s'en vont chanter le Christ dans les sanctuaires vénérés. C'est la foi qui renaît et avec elle l'espérance et la vie.

» Allons, vous reviendrez ici, mes enfants, prier encore, avec Antoine, la Vierge Immaculée.

» Je remercie de nouveau le digne et zélé curé de cette paroisse, et des éloquentes paroles qu'il m'a adressées et des touchants souvenirs qu'il m'a rappelés dans un harmonieux et poëtique langage. Je le remercie de la part qu'il a prise dans la restauration de ce sanctuaire.

» Je vois à cette belle fête deux enfants de François d'Assise, doux et suaves frères d'Antoine, qui vous ont fait entendre leur parole..... De la tête à ses pieds nus, le Frère Mineur est une poësie vivante, et de sa bouche surtout peuvent sortir des flèches d'or pour frapper et convertir le pécheur.

» Allons, enfants de François, vous avez acquis aujourd'hui droit de cité dans ces lieux habités autrefois par l'incomparable Thaumaturge, votre frère ; vous avez droit de cité dans cette ville de Brive et dans tout mon diocèse.

» Répandez vous dans toute notre France, chantez le Christ avec une bouche d'or, et que votre éloquence soit suave et persuasive.

» N'oubliez pas cependant de fustiger l'erreur avec des verges de fer. Dieu hait le mensonge d'une haine parfaite; il déteste ce qu'il n'a point fait et ce qu'il n'a pu faire. *Perfecto odio oderam illos.* Avec l'erreur point de transactions. Aujourd'hui, des hommes ont affirmé un verbe mauvais, *firmaverunt sibi sermonem nequam.* Ils consentent à nous laisser chanter le Christ entre l'Eglise et la sacristie; volontiers alors, ils veulent unir leur voix aux nôtres. Mais du Christ dans la vie sociale, ils n'en veulent point, comme si arrivés au seuil de la vie publique, nous devions rougir des glorieuses prérogatives que l'incarnation nous a méritées ; comme si alors nous devions jeter nos royales couronnes et désavouer nos titres splendides de créments du Christ, de dieux par participation.

» Pour vous, louez-le partout, *superexaltez*-le toujours *laudate et superexaltate eum in sœcula.* Vous imiterez ainsi votre immortel docteur, Duns Scot, dont l'Enfant Jésus avait aussi touché les lèvres harmonieuses, et qui écrivait en tête de son magnifique commentaire sur l'un des livres des sentences : *In commendando Christum malo excedere quam deficere.* Quand il s'agit de chanter le Christ, je préfère, si c'était possible, dépasser mon but que de ne pas l'atteindre.

« Et vous, mes enfants, dont les fronts purs et
» gracieux sont encore tout rutilants de l'onction qui
» fait les forts, le baptême avait fait de vous des rois
» couronnés, mais la confirmation vous arme pour le
» combat. Je viens de déposer sur vos poitrines et sur
» vos têtes, une armure complète, une divine panoplie
» qui vous rendra invincibles.

» Mais, j'oubliais de remercier mes enfants du Petit-
» Séminaire et leur digne supérieur qui a su mettre sur
» leurs lèvres des harmonies célestes.

» Mon Petit-Séminaire c'est une mère. Bientôt ses
» flancs vont s'ouvrir, et ses enfants, comme une
» multitude d'oiseaux, vont se disperser vers tous les
» horizons, [1] ils *répéteront* à tous les échos et au
» sein de leurs familles les chants suaves qu'ils ont
» entendus et les choses divines qu'ils ont apprises.

» Allons, mes chers enfants, je vous bénis tous, et
» que ma bénédiction soit le gage de votre éternelle
» félicité. » [2]

Cette inauguration splendide du sanctuaire à laquelle assistaient tout le clergé de Brive et plus de trois mille

[1] C'était la veille de la distribution des prix ; les élèves allaient regagner leurs familles.

[2] Revue Franciscaine.

personnes, donna un grand éclat au pèlerinage ; les bénédictions de l'illustre évêque lui imprimèrent un nouvel élan. Nous crûmes devoir favoriser la piété des pèlerins que nous attendions plus nombreux ; le T. R. P. Provincial seconda nos désirs, et nous envoya du couvent de Pau, le R. P. P. qui, depuis l'Assomption de la T.-S. Vierge jusqu'à l'octave de la Nativité, attira autour du rocher illustre une foule chaque jour plus nombreuse, et recueillie au bruit de sa docte parole; nous eûmes la consolation de voir des milliers de pèlerins, assister aux offices religieux dans la chapelle et tout autour, avec une piété et un bonheur qu'ils nous avouèrent bien des fois avec naïveté. Cependant les sollicitudes du ministère ne nous permettaient pas de rester toujours là. Nous quittâmes à regret notre chère solitude, et nous y laissions le silence. La vie et la prière permanente n'y étaient pas encore, et nous entendions la voix de Dieu qui nous pressait de les y établir. Nous étions loin d'endurcir notre cœur, et Dieu seul sait combien nous fûmes heureux quand le T. R. P. Provincial nous écrivit de Rome, qu'avec le consentement du Révérendissime ministre général, il était prêt à renouer la chaîne violemment interrompue par la révolution, et à rentrer en possession des grottes célèbres de Saint Antoine près Brive.

L'approbation de Mgr l'évêque du diocèse était nécessaire ; mais nous étions trop assuré d'entrer dans les vues du vénérable et grand évêque de Tulle, pour retarder de lui annoncer la bonne nouvelle. Sa Grandeur n'avait-elle pas donné droit de cité aux Frères Mineurs ?

Nos lecteurs nous sauront gré de leur dire en quels termes aussi aimants que poétiques, Mgr Berteaud, l'incomparable chanteur des gloires Lémovices, daigna appuyer la supplique adressée par le T. R. P. Provincial au Souverain Pontife, Pie IX, pour le rétablissement des Franciscains de l'observance, dans le diocèse de Tulle. (1)

» *Collis hic beatus meæ diœcesis, vernans olim tam suavissimo flore, Sancto Antonio de Paduâ, in vertice cujus sæpissimè sonabant verba egressa ex ore illius, quem vicarius Christi supremus decoravit splendido nomine « Arca testamenti, » collis hic fremit nunc impatiens, expectans restitutionem suarum antiquarum gloriarum. Episcopus Tutelensis, provolutus ante pedes tam amati summi Pontificis Pii IX, quem mirabiliter quotidie Christus facit crescere in plebem suam, ardenter*

---

(1) Janvier 1875.

exorat ut benignè audiantur preces suæ , unitæ precibus dilectorum fratrum Sancti Antonii de Paduâ. » [1]

Et comme si Saint Antoine avait eu hâte de revenir, en la personne de ses Frères, dans ses grottes bien-aimées, l'immortel Pie IX exauçait quelques jours après, l'ardente prière de Mgr l'Evêque de Tulle, réclamant un fleuron et un honneur de plus pour son riche diocèse. Deux mois après, le R. P. Provincial venait installer, hélas trop pauvrement, dans cette résidence où tout manquait encore, les prémices de la colonie apostolique, destinée, avec l'aide du pieux et savant Evêque, à évangéliser son peuple, et à l'édifier par la pratique des vertus. [2]

Huit jours auparavant Saint Antoine à qui nous devions tant déjà personnellement, semblait vouloir nous remercier de tous nos efforts, et les couronner,

---

(1) L'heureuse colline de mon diocèse, sur laquelle s'épanouissait comme une fleur très-suave, Saint Antoine de Padoue, et où résonnèrent si souvent les paroles de celui qu'un vicaire suprême du Christ décora du nom splendide « *d'Arche du Testament,* » cette colline frémit maintenant impatiente, attendant le retour de ses anciennes gloires. L'évêque de Tulle, prosterné aux pieds du bien-aimé Souverain Pontife Pie **IX,** (que le Christ fait, tous les jours, s'élever merveilleusement sur son peuple, demande ardemment que soient accueillies avec bienveillance, ses prières), unies à celles des Frères si chéris de Saint Antoine de Padoue.

(2) Avril 1875.

en nous donnant la douce consolation d'être témoins d'un fait très-remarquable.

Voici ce fait en substance ; nous en avons la relation très-détaillée que nous nous empressâmes d'adresser à nos Supérieurs ecclésiastiques.

Une femme d'une paroisse du diocèse fut transportée à Saint Antoine sur une charette , par une distance de plus de vingt kilomètres. Malade depuis huit ans , elle avait reçu , mais sans succès sérieux, les soins de plusieurs médecins : depuis huit mois elle ne se levait pas de son lit, et venait d'être administrée, *in extremis*, depuis une quinzaine de jours, lorsqu'on la transporta à Saint Antoine. Arrivée là , son mari la descendit de voiture , et la porta, aidé de quelques personnes qui s'y trouvaient , jusque dans la chapelle de Notre-Dame-de-Bon-Secours. On l'assit sur une chaise , et trois ou quatre minutes après, pendant lesquelles elle avait prié très-dévotement , elle dit : mais je veux monter en haut; sa sœur qui l'avait suivie , et qui ne l'avait pas vue faire un mouvement depuis plusieurs mois , lui dit comme en se moquant , *mais tu ferais bien!* Soudain la malade se lève , sans l'aide de personne , et monte prier dans la chapelle de Saint Antoine ; elle redescend , va dans la grotte de l'eau miraculeuse , en boit , elle qui avait des crises terribles quand elle touchait seulement un objet froid ; elle va et vient d'une chapelle à l'autre, pendant près de deux heures, au grand ébahissement de son mari et de sa sœur, qui pleuraient de joie à ce spectacle émouvant. Sa guérison s'est maintenue ; nous avons revu, deux fois à Saint Antoine, cette femme bien portante et venant témoigner sa reconnaissance au Saint, et à Notre-Dame-de-Bon-Secours.

CHAPITRE NEUVIÈME

Nous rendions grâces à Dieu du fait étrange dont
nous venons de parler à la fin du chapitre précédent,
nous étions à peine remis de l'émotion profonde qu'il
nous avait occasionnée et dont nous avions informé
nos supérieurs, lorsque trois enfants de Saint François

conduits par le R. P. provincial se présentaient à nous et allaient occuper deux ou trois cellules bien pauvres que leurs frères avaient habitées avant la révolution.

Sur les murs, on pouvait lire facilement plusieurs sentences tirées des écrits de Saint Antoine. Tant il est vrai que ces lieux vénérés sont encore tout parfumés des souvenirs et des vertus du grand Saint de Padoue. (1)

Bientôt, un habile architecte, tout en faisant exécuter les réparations les plus urgentes pour l'habitation des Pères, dressait les plans du futur couvent qui doit s'asseoir sur le dos robuste du rocher d'où jaillit l'eau salutaire.

Mais une faveur nouvelle et bien précieuse était accordée à l'antique et cher oratoire ! Le Révérendissime Bernardin de Portogruaro, Ministre Général des Franciscains et successeur de Saint François, venait prier dans les grottes de Saint Antoine, et bénir ses enfants. (2)

Qui a pu voir cet aimable visiteur, écrivait alors un ami des enfants de Saint François, sans se sentir en

______

(1) 22 avril 1875.

(2) Juin 1875.

présence d'un Saint ? Qui l'a entendu , sans éprouver une émotion profonde, développer dans la chapelle du Petit-Séminaire de Brive, le texte du roi prophète : *Bonitatem et disciplinam et scientiam doce me, Domine ?*

Et chacun se disait tout bas : ce gracieux messager de Pie IX, n'est-il pas comme un ange qui vient annoncer à l'Eglise de Tulle une nouvelle fécondité ? Et le noble Franciscain allait le lendemain visiter le vénérable patriarche de l'église de Tulle, qui dressait pour lui sa table hospitalière ; et ces deux grandes âmes animées du même amour pour Dieu et son Eglise, se comprirent. A son retour l'illustre visiteur ne cessait de répéter avec une franche expression de ravissement : *Buono Vesco!* *Buono!* très-bien !... très-bien incomparable Evêque !

Les bénédictions et la visite de l'évêque de Tulle et du Ministre Général des Franciscains devaient porter leurs fruits. Aussi les Pèlerins vinrent-ils plus nombreux, mais encore sans ordre et pêle-mêle , des quatre coins du Diocèse.

Il convenait que la ville épiscopale eût les honneurs du premier Pèlerinage organisé aux grottes de Saint Antoine, dont le nom est cher au Limousin.

Tulle ne se fit pas attendre ; vers la fin du mois de septembre, sous la direction et la conduite de M. l'abbé Lalite, vicaire général et l'homme de la droite de

Monseigneur , plusieurs centaines de fidèles ardents , distingués entre tous, à Paray-le-Monial et à Lourdes, par leur franche piété, s'arrêtaient à la gare de Brive. (1)

Reçus là par M. le curé de la paroisse de Saint-Sernin, ils s'acheminèrent en procession vers le précieux sanctuaire, jetant au Ciel leurs chants pieux.

Qu'ils furent heureux les pèlerins Tullistes, lorsqu'ils purent prier dans la grotte bénie où Antoine de Padoue se retirait souvent *orationis et pœnitentiœ causâ*, comme le dit François de Gonzague.

Il fallait entendre la vigueur de leurs voix, lorsque debout dans cet oratoire dont on pourrait dire *qu'il n'a pas été bâti par la main des hommes*, ils s'écriaient :

> Sous ce rocher, un peuple entier vous loue,
> Héraut du Christ, Antoine aimé des cieux ;
> De vos enfants la langue se dévoue
> A vous prier, vous chanter en ces lieux :
> Gloire à jamais au grand saint de Padoue ;
> Peuple, accourez, il sourit à vos vœux.

Mais surtout qu'ils furent édifiants, lorsque bannières déployées, ils visitèrent les lieux marqués par le souvenir d'Antoine et des autres fils de Saint François. Dans l'église des Récollets, paroisse de Saint Sernin, après l'office, M. l'abbé Massoulier supérieur du Petit-

---

(1) Septembre 1875 .

Séminaire, leur souhaita, du haut de la chaire, la bienvenue au nom du pasteur de la paroisse, et les félicita de leur initiative et de leur piété, dans une allocution pleine de charme et vibrante de patriotisme.

Le salut du T.-S. Sacrement devait être donné dans la chapelle des Ursulines, dont Saint Antoine avait béni la pierre fondamentale ; devant ce souvenir délicatement rappelé, nous comprenons que le vénérable directeur du pèlerinage, ait été plusieurs fois ému jusqu'aux larmes, en félicitant une dernière fois ses frères de voyage.

Les enfants de la ville épiscopale avaient payé leur dette au doux sanctuaire, ils nous dirent : au revoir ! nous savons qu'ils seront fidèles au rendez-vous.

Le douze du mois d'octobre, la ville de Brive contemplait un spectacle aussi consolant que celui que nous venons de décrire. Quelques centaines de paroissiens de Saint-Julien-d'Ussac, conduits par leur vénérable curé qui les instruit et les console depuis près d'un demi-siècle, traversaient, bannières déployées, les rues de la ville, et y répandaient le parfum de leurs prières et l'harmonie de leurs chants. [1] Cette démonstration publique de foi fut accueillie avec respect et admiration. Les passants s'arrêtaient silencieux et les fronts se découvraient devant la croix.

[1] Octobre 1875.

Ils furent reçus au sanctuaire mille fois aimé, par le Révérend Président de cette résidence, qui, toujours bon toujours inspiré, déroula devant eux la vie d'Antoine de Padoue, de manière à la leur faire aimer, à la leur faire imiter par une vie pleinement chrétienne.

Cependant, des travaux de reconstruction ou de consolidation étaient exécutés sous la direction de M. Combès architecte et pieux tertiaire de Bordeaux : pénétré de l'esprit du saint patriarche d'Assise, il emploie avec prudence les ressources, faibles encore, envoyées par la générosité des dévots à Saint Antoine. Au milieu des masures, précieux restes du passé, s'élève rapidement une demeure sinon commode, du moins habitable pour six religieux.

La grotte dans laquelle est dressé l'Autel de Notre-Dame-de-Bon-Secours, a été débarrassée de l'escalier qui conduisait au Sanctuaire de Saint Antoine ; aujourd'hui, elle apparaît dans toutes ses proportions. La roche toute nue et humide n'a d'autres ornements que ceux dont la revêt la nature, en faisant croître sur ses flancs les algues vivaces.

Un très-beau fronton couronne la façade renouvelée de la Chapelle de Saint Antoine, au bas de laquelle on a construit un perron à double rampe, par lequel les fidèles arrivent dans la grotte de Saint Antoine. Une vaste esplanade plantée d'arbres va s'étendre au-dessous du perron du haut duquel il sera facile de faire entendre la parole de Dieu à plusieurs milliers de personnes.

A gauche de l'oratoire de Saint Antoine, et parallèlement à la grotte de Notre-Dame-de-Bon-Secours, se trouve la piscine où coule l'eau miraculeuse, au fond d'une vaste et splendide grotte ; ces deux cavités qui flanquent à droite et à gauche la grotte si remarquable de notre Saint, sont fermées par une grille qui s'ouvre sur la demande des fidèles ; elles sont ainsi protégées contre les indiscrétions ou les inconvenances malheureusement si communes aujourd'hui.

Au point de vue de la beauté du site, et de l'originalité des aspects, le Sanctuaire et les grottes de Saint Antoine peuvent rivaliser avec les sanctuaires les plus suivis. Bientôt sur les flancs de la colline sera dressé un Chemin de Croix, et sur le sommet abrupte au milieu d'une végétation luxuriante, s'élèvera la Croix couvrant de ses deux bras protecteurs la ville de Brive et les environs.

Des cîmes de ce Calvaire dominant la vallée gracieuse de la Corrèze, depuis bien au-dessus de Malemort jusque vers les plaines de Larche, on aperçoit les pics lointains de Pauliac, de Saint-Germain, de Sainte-Féréole, et au midi les plateaux d'Ayen et d'Yssandon, dont les bases viennent se perdre dans la Vézère à la Rivière-de-Mansac.

Pour reconstruire un couvent dans les conditions prévues, il faut des ressources ; or, les Franciscains, tout le monde le sait, n'en ont pas ; mais la piété des fidèles y suffira. La dévotion envers Saint Antoine reprend une extension remarquable ; quel est le Tertiaire qui ne voudrait offrir son obole pour la restauration d'un Sanctuaire si précieux ? Qu'on ne l'oublie pas, c'est en France , l'*unique* rendez-vous de Pèlerinage en l'honneur du grand Thaumaturge. L'Italie a Padoue et sa basilique splendide , et le tombeau d'Antoine. La France possède cet intéressant oratoire où le saint a vécu, et où il se plait à répandre ses faveurs sur ceux qui l'invoquent ; des lettres d'actions de grâces à Saint Antoine, pour le succès d'une entreprise ou pour le recouvrement d'objets perdus, arrivent nombreuses au petit couvent.

Nos confrères, les Tertiaires d'Amiens et de Limoges, ont été surtout généreux ; nous pourrions nommer des bienfaiteurs insignes, nous n'y sommes pas autorisé, et nous ne voulons pas être indiscret.

Il y a encore, Dieu merci, des âmes chrétiennes qui veulent que la main gauche ignore les libéralités de la main droite, et qui n'attendent d'autre récompense que celle que le divin Maître a promise au verre d'eau froide donné en son nom.

Saint Antoine ne nous a pas dit, sans doute, qu'il voulait que les foules vinssent l'honorer dans ses grottes de Brive, mais il les y attirait depuis six siècles, elles y accourent aujourd'hui plus que jamais ; tout cela nous est un sûr garant de l'avenir. Oui, nous croyons fermement que les fils de Saint François et les frères de Saint Antoine, les Tertiaires viendront apprendre la vie séraphique là où vécût l'illustre défenseur de l'esprit de leur séraphique Père, et prier là où il pria.

Aussi bien, n'étions nous pas étonné de voir, au milieu du mois d'août, [1] se réunir dans l'église paroissiale de Saint Sernin, six ou sept cent pèlerins de la pieuse paroisse de Saint Martin de Donzenac. Vers les huit heures du matin, les croix se dressèrent, les bannières furent déployées, et sous la direction de son zélé curé, cette foule se déroula sur deux rangs se dirigeant vers Saint Antoine, au son des cloches à toute volée, et au bruit des cantiques jetés au vent.

La messe fut chantée par M. le curé avec diacre et sous-diacre, à l'autel de Notre-Dame-de-Bon-Secours ; la chapelle de Saint Antoine aurait été insuffisante

______

[1] 1876.

pour contenir cette pieuse assemblée qu'augmentait un grand nombre de fidèles des paroisses de Brive.

Après l'évangile, le R. P. H. président de notre chère résidence adressa à la foule une ardente improvisation sur la raison des pèlerinages, et en déduisit les consolations que l'église en retire.

Malgré l'heure avancée et les fatigues du voyage, un très-grand nombre de pèlerins eurent le bonheur de faire la sainte communion.

A deux heures, chaque pèlerin avait repris sa place devant la grotte vénérée ; les chants se firent entendre de nouveau en plein air, et l'office des vêpres, après une nouvelle instruction, était couronné par la bénédiction du T.-S. Sacrement. Chacun quitta ce lieu béni en disant : *au revoir*.

Nous croyons savoir que d'autres pèlerinages s'organisent encore, tant mieux ! Les Pasteurs conduisant leurs paroissiens, cela vaudra mieux et sera plus édifiant que les visites isolées, tant nombreuses fussent-elles. Aux flancs de la sainte colline, Notre-Dame-de-Bon-Secours et le doux Saint Antoine attendent pour consoler et bénir.

Des faveurs spirituelles ont été accordées aux pèlerins par Mgr l'Evêque du diocèse ; le sanctuaire est riche de tous les trésors que possède l'Ordre séraphique, et ils sont incalculables ; que les enfants de Saint François viennent donc puiser à cette source merveilleuse, où ils trouveront en même temps le souvenir de l'esprit et des vertus de l'humble Franciscain, Antoine de Padoue.

Notre tâche est terminée , la fin du travail est venue. Nous avons droit à notre salaire..Auguste Mère de Dieu, Notre-Dame-de-Bon-Secours ! Et vous, bien-heureux Antoine de Brive, ô Saint bien-aimé ! vous savez quelle est la seule récompense que notre cœur réclame, achevez votre œuvre !

Dans tous les cas daignez bénir notre bonne volonté ; vous faire un peu mieux connaître, vous faire un peu plus aimer dans notre chère province , telle a été la raison de cet humble travail. Daignez suppléer à l'insuf-fisance de l'auteur, par l'indulgence que vous inspirerez au lecteur bienveillant.......

NOTE

Extrait d'un petit livre imprimé à Limoges chez François
Meilhac, en 1715: Il a pour titre: La vie de Saint-Antoine
de Padoue: il est sans nom d'auteur ; mais il nous a été
facile de comprendre qu'il avait été composé par un religieux
Franciscain qui l'adressait aux membres d'une confrérie établie
à Limoges , en l'honneur de Saint Antoine , des tertiaires
évidemment. Cette confrérie avait été favorisée d'une bulle
de Grégoire XV, lui accordant de très-nombreuses et très-
riches indulgences en 1620.

Nous devons la communication de ce
document a l'extrême bienveillance de
Monseigneur Berteaud, notre illustre et
vénérable Évêque.

Ce fut dans ce temps-là que Saint Antoine fut nommé
Custode dans le Limousin, et choisit le Couvent de
Brive pour sa demeure, où il fit des choses extraordi-

naires. Ce fut dans un rocher proche de Brive que
Dieu le guida pour le faire marcher dans les voies de
la justice, et où il se retira non pas comme un Solitaire chagrin, bizarre, sauvage ennemi des hommes,
et insupportable à lui-même ; mais comme un Solitaire doux, mortifié, humble, agissant, plein de cette
jubilation intérieure, que la grâce porte toujours avec
elle, soupirant sans cesse pour le salut de ses Frères,
et travaillant toujours pour le sien. Ce fut dans ce
rocher affreux, plus propre à loger des bêtes sauvages,
qu'un homme, Ce fut dans ce lieu de ténèbres et d'ob-
scurité que son esprit fut éclairé d'une lumière céleste.
Ce fut dans ce cachot rempli de ronces et d'épines que
son cœur fut pénétré d'un feu tout divin, et qu'il fit
en ses sens de douces violences et des douleurs agréables, en exposant son corps délicat à toutes les rigueurs des éléments, et aux injures de toutes les saisons.
C'est là qu'il purifia son corps par le jeûne, qu'il
l'éleva par l'oraison, et qu'il l'accabla par des cruautés
innocentes et des mortifications affreuses : Si on en
considère la rigueur, elles furent extrêmes ; l'étendue,
elles furent universelles ; la durée, elles ne finirent
qu'avec la vie dans quelque lieu que la providence le
put conduire. Mortifié dans son boire et dans son man-
ger ; il passait plusieurs jours sans prendre aucune
nourriture, la haire et les cilices lui servaient de
vêtement. Mortifié dans sa chair, il n'avait autre lit

qu'un trou qu'il avait creusé lui-même dans le rocher, qui renfermait le Phœnix de l'Orient, et le miracle de son temps. C'est dans ce rocher consacré à la pénitence, que ses yeux étaient fixément arrêtés sur une Croix, où il jettait des regards mourants, qui témoignaient qu'une profonde tristesse occupait son âme, et que son esprit était extrêmement attentif à l'objet qu'il considérait comme celui de tous ses désirs et de toutes ses tendresses.

Que si quelquefois Saint Antoine quittait sa chère solitude, c'était pour aller à Brive visiter ses Frères, chanter avec eux les louanges du Seigneur, et pour les soulager dans leurs nécessités temporelles et spirituelles. Un jour n'ayant pas de quoi subsister, nôtre Saint envoya demander à une femme de la ville des herbes de son jardin, quoiqu'il plût abondamment : elle commanda à sa servante d'aller cueillir ce que le Saint demandait : cette fille obéit, porta les herbes qu'elle avait cueillies sans avoir reçu sur ses habits une seule goutte de pluie : Cette femme frappée et pénétrée par un prodige si surprenant, avait un neveu nommé Pierre Robillac, qui était chanoine, à qui elle recommanda très-instamment d'avoir de l'affection pour les Frères Mineurs, et de les secourir dans leurs besoins. Cette famille l'a toujours conservée fort chèrement avec la mémoire de ce miracle domestique. Un soir quelques

religieux de ce couvent de Brive virent des mulets qui
gâtaient la moisson d'un de leurs voisins dans le temps
qu'on sonnait la cloche pour aller à l'oraison ; ils en
avertirent Saint Antoine, et il leur répondit : Mes
Frères, allons à la prière, ce que vous voyez n'est
qu'une illusion du démon qui voudrait nous détourner
d'une obligation si essentielle à nôtre état et si nécessaire au salut de notre âme. En effet, cela se
vérifia le lendemain, car il ne parut point qu'on eût
fait aucun dommage au champ. Ce miracle augmenta
la ferveur que ces saints religieux avaient pour l'oraison, qui est la nourriture de l'âme.

Après avoir animé ses frères à l'oraison, il s'en retourna dans son rocher. Ah ! que ne fit-il pas pour se
rendre capable du commerce de Dieu ? Sa vie était
une perpétuelle Oraison ; et comme cet homme céleste
n'ignorait pas que l'âme ne bat que d'une aile dans la
contemplation, si la mortification ne seconde la prière,
il est incroyable combien de rigueurs il exerça contre
son corps innocent ; il serait à souhaiter que son
rocher, tout obscur et sombre qu'il était, pût se changer en un miroir, où vous regarderiez attentivement
une tranquilité profonde, une persévérance uniforme
dans une pénitence ferme et constante ; et Dieu pour
la récompenser a changé ce rocher en une sainte chapelle, qui est toute remplie de vœux, qui dépeignent

ses miracles. *C'est dans ce lieu saint consacré par les vertus héroïques de l'Apostolique Antoine que la dévotion pour cet homme miraculeux a jeté de plus profondes racines, et que les peuples viennent de toutes parts implorer son secours dans les plus périlleuses rencontres, soit pour l'âme, soit pour le corps. C'est dans ce sacré rocher, précieux monument de la pénitence d'Antoine, que les démons prennent la fuite et abandonnent honteusement les corps qu'ils ont possédés ; que les aveugles reçoivent la vue les estropiés le marcher les muets la parole les sourds l'ouïe les paralytiques le mouvement ; en un mot, où nous voyons de nos jours vérifier en la personne du serviteur l'Oracle du Prophète qui avait été autrefois accompli en la personne du Maître: Tunc aperientur oculi cæcorum, et aures surdorum patebunt. Les archives des couvents de saint François, la tradition de nos Pères, la conscience de ceux qui en font tous les jours des épreuves continuelles, sont autant de régistres qui justifient que personne n'a jamais recours à ce grand Favori de Jésus-Christ, qu'il n'en ait été secouru.*

Nous supplions les personnes qui auraient quelque document concernant le séjour de Saint Antoine en Limousin, d'avoir la charité de nous le communiquer.

Notre travail était sous presse, lorsque nous avons
reçu, d'un de nos amis M. l'abbé Taliu, la communication d'un ouvrage imprimé à Lyon en 1665. Nous nous
empressons d'en donner un extrait qui a un rapport
direct, non seulement à notre Saint, mais encore à son
sanctuaire de Brive.

Il corrobore et justifie notre opinion sur le manuscrit
dont nous parlons plus haut, page 193.

EXTRAIT D'UN OUVRAGE INTITULÉ : L'ANCIENNE
ROME SANCTIFIÉE DEPUIS LA PRÉDICATION
DE L'EVANGILE, PAR LE PÈRE SATURNIN DE
TOUS LES SAINTS, CARME DÉCHAUSSÉ.
IMPRIMÉ A LYON, L'AN M. D. C. L. X. V.
(1665.)

« Les Portugais ont bâty dans Rome une église à
» l'honneur de Saint Antoine de Padouë leur compa-
» triote, avec un hospital pour y recevoir les pèlerins

» de leur nation. Ils y célébraient la feste du Saint
» avec grande solennité et indulgence plénière : ce qui
» se remettra Dieu aidant bientost et dès que leur
» légitime roi aura été reconnu par les souverains
» Pontifes. La principale dévotion de ce grand Saint
» est à Padouë dont il a pris le nom, parce qu'il y
» demeura continuellement les dernières années de sa
» vie, et y mourut. On y a bâty une très-magnifique
» église à son honneur, et dans icelle une chapelle
» très-somptueuse toute de marbre, avec des figures
» en petit relief de la vie et miracles du saint. Son
» saint corps est immédiatement sous la pierre de
» l'autel de cette chapelle, sur lequel on dit la sainte
» messe : et on a fait au dessous une concavité, où on
» fait entrer ceux qui sont possédez du démon, lequel
» est contraint de sortir de ces corps, ne pouvant point
» souffrir la présence de ces sacrées reliques, ny
» l'odeur céleste qu'elles exhalent continuellement,
» et que sentent tous ceux qui s'approchent de ce
» saint sépulcre. Il y a un concours continuel de peuple
» qui le vient vénérer, et il ne va point d'étranger à
» Venyse pour voir les raretés de cette ville (qui est
» un des miracles du monde) qui n'aille aussi à Padouë
» pour la dévotion du saint. La dévotion du peuple
» parait encore dans le grand nombre des lampes qui
» brûlent devant son sépulchre, et des messes conti-
» nuelles qui s'y disent par des prêtres étrangers, en

» sorte, qu'après Notre-Dame de Lorette, il n'y a
» point de lieu de dévotion si fréquenté en Italie, que
» cette église de Saint-Antoine. On voit dans la sacristie
» plusieurs belles reliques, dont les principales sont
» une partie de la mâchoire du Saint qui est dans un
» reliquaire ; et dans un autre est sa sainte langue
» incorrompuë, ce qui est un très-grand miracle et
» Dieu l'a voulu faire spécialement en faveur de ce
» grand saint, à cause que sa langue servit d'instru-
» ment au Saint-Esprit, pour la conversion des âmes.

» On porte encore grande dévotion en France à
» Saint Antoine de Padoüe, surtout à Toulouse, à
» Pézenas au bas Languedoc, à Limoges et à *Brive* en
» Limozin. Le saint prêcha en ces villes, et fut même
» gardien au couvent de Limoges, et on a bâty une
» église dans Toulouse à l'honneur de ce saint, qui
» est possédée par les religieux de son ordre.

» On montre à Pézenas, un cyprès de grandeur
» démesurée qu'on dit avoir été planté par ce saint.
» *Et à Brive a été bâtie une église à l'honneur du*
» *Saint* UN PEU ÉLOIGNÉE DE LA VILLE, *á l'endroit* (1) *où*
» *était l'ancien monastère de l'ordre de Saint François,*
» *dans lequel le saint séjourna. On y montre sa cellule*
» *qu'on a réduite en dévot oratoire.* »

---

(1) **Il faut lire :** un peu éloignée de l'endroit de la ville, où était etc...

DÉVOTION

PRIÈRES DIVERSES

A SAINT ANTOINE

DÉVOTION

PRIÈRES DIVERSES

A SAINT ANTOINE.

—

Nous croyons devoir, pour favoriser la piété des fidèles, placer, ici, quelques prières en l'honneur de Saint Antoine. Nous recommandons particulièrement les *Litanies* que nous donnons telles qu'elles ont été retrouvées ; les pèlerins les récitaient dans l'oratoire bien avant la révolution de 1793. Quant à la *Sainte neuvaine* en l'honneur du *Santo Benedetto*, nous renvoyons le lecteur à l'histoire qu'en fait M. l'abbé Guyard, vicaire général de Montauban : nous la plaçons au commencement des méditations pour chaque jour de la neuvaine ; [1] le lecteur y retrouvera l'origine de cette dévotion spéciale, et les motifs de confiance que nous devons avoir en son efficacité.

______

(1) Fin du volume.

CANTIQUE

A Saint Antoine de Padoue

Chanté à l'inauguration du Sanctuaire

de Saint Antoine, près Brive

19 janvier 1874.

—

CHOEUR.

Sous ce rocher, un peuple entier vous loue
Héraut du Christ, Antoine aimé des Cieux ;
De vos enfants la langue se dévoue
A vous prier, vous chanter en ces lieux :
« Gloire à jamais au grand Saint de Padoue !
» Peuple, accourez ; il sourit à vos vœux. »

1er C.

Né pour le Ciel, aux terres de Lisbonne,
Il veut le Ciel, Antoine de Jésus !
Encor enfant, à Dieu seul il se donne !
Dieu seul nourrit son âme et ses vertus !

2° C.

Mais armez vous de la robuste armure ,
Dont, en chantant, François revêt les siens !
Prenez, Antoine, et la corde et la bure ,
Et puis, allez aux grands combats chrétiens !

3ᵉ C.

Aigle sacré, partez ! Vos larges ailes
Vont recueillir, au loin, de doux aiglons !
Aux yeux de Dieu que les âmes sont belles ,
Arrachez-les aux hontes des démons !

4ᵉ C.

Son pied frémit, foulant le sol d'Afrique,
Que ne peut-il briser le fier Croissant !
Que ne peut-il , sous la croix symbolique ,
Tomber martyr du Dieu qui seul est grand !

5ᵉ C.

Mais Dieu, content de votre sacrifice
Vous veut ailleurs , Martyr de volonté !
Sur votre esquif , que l'orage frémisse !
Priez Antoine, et l'esquif est sauvé !

6ᵉ C.

Beau naufragé, les bords de l'Italie
Vous ont reçu, soyez leur hôte aimant !
Il est la-bas le foyer de la vie,
La-bas c'est Rome !... à Rome on vous attend !

7ᵉ C.

Vous la baisez, heureux, la main de Pierre !
Sa voix vous nomme « Arche du Testament ! »
Il vous bénit : un rayon de lumière,
De son beau front sur votre front descend.

8ᵉ C.

France chérie, il vient ; et sa parole
Réveillera tes villes et tes champs !
La voix d'Antoine illumine et console ,
Et ses grands cris sont l'effroi des méchants !

9ᵉ C.

Il vient à vous, enfants des Lémovices,
Il est chez toi, cité de Martial ;
Son souffle ardent dissipe tous les vices ,
Et sous ses pas nait le lys virginal.

10ᵉ C.

Aussi, Jésus se joue avec tendresse
Entre ses bras et sur ses deux genoux ;
Sa voix lui parle, et sa main le caresse !
Saintes faveurs ! le Ciel en est jaloux.

11ᵉ C.

Mère éplorée, Antoine a vu vos larmes ;
De votre fils, il connait le trépas !
Pour vous il prie !... ah ! calmez vos alarmes !
Votre enfant vit..., vers vous il tend les bras.

12ᵉ C.

Quand tu l'as vu, riant vallon de Brive,
Tu t'es levé sous ton manteau de fleurs,
Et tes enfants, dans leur âme attentive
Ont recueilli ses divines clameurs. (1)

13ᵉ C.

Nuage noir, emporte au loin ta pluie,
Fuis ces côteaux ! Antoine ainsi le veut !
Sémera-t-il les trésors de la vie,
Si des hauteurs, sur cette foule il pleut ?

14ᵉ C.

Il visita ce rocher solitaire,
Bénit ces flots, qui chassent les douleurs ;
Il y laissa le parfum de prière,
Qui vous attire, ô Justes, ô pécheurs !

15ᵉ C.

Vous consolez de la drachme perdue,
Et votre main la remet en nos mains !
Quand de regret la pauvre âme est émue
Vous lui rendez, du Christ les dons divins.

16ᵉ C.

Et si, nombreux, des flancs de nos collines,
Viennent vers vous nos humbles pèlerins ;
Préparez leur les agapes divines,
La paix, la joie et le repos des saints.

---

(1) Alté tonans.

$$+$$

RÉPONS :

Si quæris miracula.

—

Le 8me répons de l'office de Saint Antoine est spécialement recommandé aux âmes qui s'adressent à ce Bienheureux, pour obtenir quelque faveur par son intercession : tous les auteurs l'attribuent à Saint-Bonaventure. Le docteur Séraphique avait une très-grande dévotion à Saint Antoine ; frappé de la multitude et de la variété des prodiges opérés par l'invocation du grand Thaumaturge, il voulut les décrire en peu de mots, et composa cette belle antienne, comme un chant de triomphe et d'amour.

Dans l'église du *Santo*, à Padoue, les Frères Mineurs la récitent devant l'arche des reliques, sur la demande des Pèlerins.

—

Si quæris miracula ; mors, error, calamitas,
Dœmon, lepra fugiunt ; ægri surgunt sani :
     Cedunt mare, vincula ; membra, resque perditas
     Petunt et accipiunt juvenes et cani.

Pereunt pericula, cessat et necessitas ;
Narrent hi qui sentiunt, dicant Paduani !

     Cedunt mare, etc.

Gloria Patri et Filio et Spiritui sancto.

     Cedunt mare, etc.

Ora pro nobis, Beate Antoni ,
Ut digni efficiamur promissionibus Christi.

OREMUS.

Ecclesiam tuam, Deus, Beati Antonii confessoris tui solemnitas votiva lætificet , ut spiritualibus semper muniatur auxiliis, et graudis perfrui mereatur æternis, per Christum Dominum nostrum. Amen.

MÊME RÉPONS EN FRANÇAIS.

Si vous demandez des miracles, adressez-vous à Saint

Antoine : il ressuscite les morts, détruit l'erreur, éloigne les calamités, chasse les démons, et préserve de la lèpre ; il rend la santé aux malades.

A sa voix, la tempête se calme, les captifs sont délivrés ; les jeunes gens et les vieillards qui l'invoquent recouvrent les membres dont ils sont privés, et les objets qu'ils ont perdus.

Il dissipe les périls, et pourvoit à toutes les nécessités ;

Que ceux qui ont éprouvé sa puissance, en révèlent les effets ! Que les habitants de Padoue proclament ce qui se passe sous leurs yeux.

A sa voix, la tempête se calme (etc.).

Gloire au Père et au Fils et au Saint-Esprit.

A sa voix, la tempête se calme (etc.).

D. Saint Antoine priez pour nous,

R. Afin que nous soyons rendus dignes des promesses de Jésus-Christ.

ORAISON.

Que la mémoire du Bienheureux Antoine réjouisse votre Église, ô mon Dieu, afin que les fidèles soient continuellement fortifiés par les secours spirituels et qu'ils méritent de goûter les joies de l'éternité, par N. S. Jésus-Christ.

A. S. I.

N. B.

Indulgence plénière pour chaque Fidèle qui, ayant récité, tous les jours, pendant un mois, le répons miraculeux *Si quœris miracula.....* avec le verset et l'oraison, se confessera, communiera et visitera une église ou chapelle publique quelconque, y priant aux intentions du Souverain Pontife.

(Pie ix, 25 janvier 1866).

—

Indulgence de cent jours , pour chaque Fidèle, à chaque fois qu'il récite pieusement le répons miraculeux *Si quœris.....* avec le verset et l'oraison.

(Pie ix, 25 javier 1866.)

—

Prière pour retrouver les choses perdues.

—

Saint Antoine, Apôtre plein de bonté, qui avez reçu du Seigneur le pouvoir spécial de faire recouvrer les choses perdues, secourez-moi en ce moment, je vous en supplie, afin que par votre assistance, je retrouve l'objet que je cherche : obtenez-moi, de plus, une foi agissante, une docilité parfaite aux inspirations de la grâce, le dégoût des vains plaisirs du monde, et le désir ardent des joies ineffables de la bienheureuse éternité. A. S. I.

Notre Père..... Je vous salue.....

—

Autre Prière à Saint Antoine de Padoue.

—

O grand et fidèle ami du Seigneur Jésus, vous qui par la grande pureté de votre cœur, avez mérité de le voir dès cette vie, et de recevoir ses caresses ; vous encore à qui, selon la pieuse croyance des chrétiens, il a accordé le don de faire retrouver à ceux qui vous invoquent, les objets qu'ils auraient perdus ; obtenez-nous par vos prières et vos mérites de retrouver dans son cœur, toutes les grâces que nous aurions perdues par le péché, toute l'humilité, toute l'innocence, toute la sainte amitié et union avec lui, que nous aurions pu avoir en partage pour lui plaire et pour le faire aimer, si nous lui avions été toujours bien fidèles.

A. S. I.

—

Prière à la Très Sainte Vierge.

—

L'hymne suivante **est** une prière pour laquelle Saint Antoine avait une prédilection particulière ; c'était l'invocation de son cœur : il la répétait souvent devant les autels de Marie, dans ses courses apostoliques, dans ses peines, dans ses joies ; peu d'instants avant sa mort, il la murmurait encore devant ses frères édifiés. [1]

HYMNE.

O gloriosa Domina,
Excelsa super sidera,
Qui te creavit providè
Lactasti sacro ubere.

—

Quod Eva tristis abstulit,
Tu reddis almo germine ;
Intrent ut astra flebiles,
Cœli fenestra facta es.

—

[1] Le Pape Urbain XIII fit modifier quelques mots de cette hymne ; comme il ne s'agit ici que de la récitation privée, nous la donnons telle que la récitait Saint Antoine.

Tu regis alti Janua,
Et porta lucis fulgida ;
Vitam datam per Virginem,
Gentes redemptæ plaudite.

—

Gloria tibi Domine,
Qui natus es de Virgine,
Cum Patre et Sancto Spiritu,
In sempiterna sœcula.   Amen.

HYMNE.

O glorieuse souveraine, élevée au-dessus des astres, vous avez nourri du lait de votre sein béni, Celui qui vous a donné l'être.

Ce que le péché d'Eve nous avait enlevé, vous nous le rendez par ce fruit divin, et vous ouvrez les cieux aux fils infortunés d'Adam.

Vous êtes la Porte Sainte par laquelle le Souverain Roi est venu à nous ; vous êtes le brillant palais de la lumière éternelle. Nations rachetées de la mort, louez le Seigneur qui vous a rendu la vie par le ministère d'une vierge.

Gloire à Vous Seigneur, qui êtes né de la Vierge ; Gloire au Père et à l'Esprit Saint dans les siècles éternels.

A. S. I.

Autre prière très-ancienne pour retrouver les choses perdues.

ORAISON.

Très-glorieux serviteur de Dieu, Saint Antoine, qui, entre toutes les merveilles dont il a plu à Dieu de récompenser vos mérites, avez la prérogative particulière d'assister et d'éclairer ceux qui s'adressent à Vous pour retrouver les objets qu'ils ont perdus, assistez-moi dans la recherche que je fais, afin que, excité par la reconnaissance, je devienne plus fervent au service de Dieu, je recouvre la grâce que je pourrais avoir perdue et je reçoive la gloire promise, au nom de Notre Seigneur Jésus-Christ.

A. S. I.

Imprimatur: † J.-B.-P. Leonardus,

Episcopus Tutelensis.

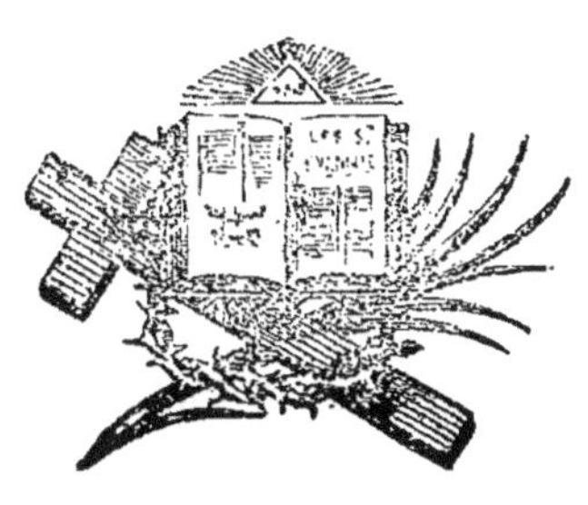

LITANIES
De Saint Antoine de Padoue

DONT LA GROTTE, FAMEUSE PAR LES MIRACLES

Et les guérisons qui s'y opèrent tous les jours,

est près de Brive en Limousin.

La récitation de ces Litanies obtient de Dieu, par la puissante intercession de ce glorieux Saint, aux Ames pécheresses, la grâce de la Conversion ; aux Ames justes, celle de la persévérance ; aux Affligés, la consolation ; aux Malades, la guérison ; dans les

Calamités publiques, l'assistance du Ciel ; dans les Temps orageux , l'éloignement de la Foudre et du Tonnerre.

Kyrie, eleïson. Christe eleïson. Kyrie, eleïson.

Christe, audi nos ; Christe, exaudi nos.

Pater de Cœlis Deus,	Miserere nobis.
Fili Redemptor mundi Deus,	Mis. nobis.
Spiritus Sancte Deus,	Mis. nobis.
Sancta Trinitas unus Deus,	Mis. nobis.
Sancta Maria sine peccato concepta,	Ora pro nobis.
Sancte Antoni de Padua.	Ora pro nobis.
Sancte Antoni, Ordinis minorum gloria,	Ora p. n.

Sancte Antoni, Sacrarium cœlestis Sapientiæ,

Sancte Antoni, Cultor Pœnitentiæ,

Sancte Antoni, Speculum obedientiæ,

Sancte Antoni, Sectator justitiæ,

Sancte Antoni, Victor Concupiscentiæ,

Sancte Antoni, Crucis amantissime,

Sancte Antoni, Zelator Evangelii,

Sancte Antoni, Pavor Infidelium,

Sancte Antoni, Terror Dæmoniorum,

Sancte Antoni, exemplar Perfectorum,

Ora pro nobis.

Sancte Antoni, Martyr desiderio,
Sancte Antoni, Illustrator Peccatorum,
Sancte Antoni, Patrator Miraculorum,
Sancte Antoni, Consolator Afflictorum,
Sancte Antoni, deffensor innocentium,
Sancte Antoni, Mutorum Eloquium,
Sancte Antoni, Surdis præbens auditum,
Sancte Antoni, Dæmonum effugator,
Sancte Antoni, Captivorum Liberator,
Sancte Antoni, Infirmorum Curator,
Sancte Antoni, Mortuorum Ressuscitator,
Sancte Antoni, Cœcorum Illuminator,
Sancte Antoni, Claudos rectificans,
Sancte Antoni, Rerum perditarum repertor,
Sancte Antoni, Ductor Viatorum,
Sancte Antoni, Litigantium Justitiæ Deffensor,
Sancte Antoni, Hostes malignos proterens,
Sancte Antoni, Profligator criminis,
Sancte Antoni, veræ humilitatis Amator,
Sancte Antoni, lilium Cœlestis Puritatis,
Sancte Antoni, Fornax Charitatis,

Ora pro nobis.

Sancte Antoni, ab insidiis Diaboli   Libera nos.

Sancte Antoni, à fulgure et tempestate   Libera nos.

Sancte Antoni, ab omni Peccato   Libera nos.

Sancte Antoni, in omni vitæ decursu   Libera nos.

Per intercessionem tuam,   Protege nos S. Ant.

Agnus Dei, qui tollis peccata mundi,
Parce nobis, Domine.
Agnus Dei, qui tollis peccata mundi,
Exaudi nos, Domine.
Agnus Dei, qui tollis peccata Mundi,
Miserere nobis.

ANTIPHONA.

Glorificasti, Domine, servum tuum, propter eum facis magnalia : nomen tuum, Domine, magnificetur.

℣. Ora pro nobis, Beate Antoni.
℟. Ut digni efficiamur promissionibus Christi.

ORATIO.

Ecclesiam tuam, Deus, Beâti Antonii Confessoris tui solemnitas votiva lætificet, ut spiritualibus semper muniatur auxiliis, et gaudiis perfrui mereatur æternis ; Per Dominum, etc.

—

ANTIENNE

A Notre Dame de Bon Secours

Dont la Chapelle antique est dans la même Grotte.

—

Sub tuum præsidium confugimus, Sancta Dei geni-

trix : nostras deprecationes ne despicias in necessita-
tibus, sed à periculis cunctis libera nos semper Virgo
gloriosa et benedicta,

Sancta Maria, succurre miseris, juva pusillanimes,
refove flebiles, ora pro populo, interveni pro clero, in-
tercede pro devoto femineo sexu ; sentiant omnes tuum
juvamen quicumque tuum sanctum implorant auxi-
lium.

℣. Ora pro nobis Sancta Dei genitrix.

℟. Ut digni efficiamur promissionibus Christi.

OREMUS.

Concede nos famulos tuos. quæsumus, Domine Deus,
perpetuâ mentis et corporis sanitate gaudere, et gloriosâ
Beatæ Mariæ semper Virginis intercessione, à præsenti
liberari tristitiâ et æternâ perfrui lœtitiâ.

Per Christum, etc.

LITANIES DE SAINT ANTOINE

EN FRANÇAIS.

Seigneur, ayez pitié de nous.

Jésus-Christ, ayez pitié de nous.

Seigneur, ayez pitié de nous.

Jésus-Christ, écoutez-nous.

Jésus-Christ, exaucez-nous.

Dieu le Père, du haut des Cieux, ayez pitié de nous.

Dieu le Fils, Rédempteur du monde, ayez pitié de nous.

Dieu le Saint-Esprit, ayez pitié de nous.

Trinité Sainte, qui êtes un seul Dieu, ayez pitié de nous.

Sainte Marie, conçue sans la tache originelle, priez pour nous.

Saint Antoine de Padoue, priez pour nous.

Saint Antoine, gloire de l'Ordre Séraphique, priez pour nous.

Saint Antoine, arche du Testament, priez pour nous.

Saint Antoine, sanctuaire de la céleste sagesse, priez
pour nous.

Saint Antoine, ami de la pénitence, priez pour nous.

Saint Antoine, miroir d'obéissance, priez pour nous.

Saint Antoine, zélateur de la justice, priez pour nous.

Saint Antoine, vainqueur de la concupiscence, priez
pour nous.

Saint Antoine, ami de la croix, priez pour nous.

Saint Antoine, apôtre zélé de l'Evangile, priez pour nous.

Saint Antoine, effroi des infidèles, priez pour nous.

Saint Antoine, terreur des démons, priez pour nous.

Saint Antoine, modèle des parfaits, priez pour nous.

Saint Antoine, martyr de désir, priez pour nous.

Saint Antoine, lumière éclairant les pécheurs, priez p. n.

Saint Antoine, semeur de miracles, priez pour nous.

Saint Antoine, consolateur des affligés, priez pour nous.

Saint Antoine, défenseur de l'innocence, priez pour nous.

Saint Antoine, qui rendez la parole aux muets, priez
pour nous.

Saint Antoine, qui donnez l'ouïe aux sourds, priez p. n.

Saint Antoine, qui chassez les démons, priez pour nous.

Saint Antoine, libérateur des captifs, priez pour nous.

Saint Antoine, guérisseur de malades, priez pour nous.

Saint Antoine, qui ressuscitez les morts, priez pour nous.

Saint Antoine, qui rendez la vue aux aveugles, priez
pour nous.

Saint Antoine, qui redressez les boiteux, priez pour nous.

Saint Antoine, qui faites retrouver les choses perdues, priez pour nous.

Saint Antoine, guide du voyageur, priez pour nous.

Saint Antoine, défenseur de ceux qui en appellent à la justice, priez pour nous.

Saint Antoine, qui domptez la fureur des tyrans, priez pour nous.

Saint Antoine, vengeur du crime, priez pour nous.

Saint Antoine, type d'humilité, priez pour nous.

Saint Antoine, lys de céleste pureté, priez pour nous.

Saint Antoine, fournaise de charité, priez pour nous.

Des embûches du démon, Saint Antoine, délivrez-nous.

De la foudre et de l'orage, Saint Antoine, délivrez-nous.

De tout péché, Saint Antoine, délivrez-nous.

Dans tout le cours de notre vie, Saint Antoine, protégez-nous.

Par votre intercession, Saint Antoine, protégez-nous.

Agneau de Dieu, qui effacez les péchés du monde, pardonnez-nous, Seigneur.

Agneau de Dieu, qui effacez les péchés du monde, exaucez-nous, Seigneur.

Agneau de Dieu, qui effacez les péchés du monde, ayez pitié de nous, Seigneur.

Jésus-Christ, écoutez-nous.

Jésus-Christ, exaucez-nous.

ANTIENNE.

Vous avez glorifié votre serviteur Antoine, ô mon Dieu, et vous accordez des merveilles à son intercession ; que votre nom, Seigneur, soit exalté.

ꝟ. Saint Antoine, priez pour nous.

℟. Afin que nous devenions dignes des promesses de Jésus-Christ.

ORAISON.

O mon Dieu, que la puissante intercession du Bienheureux Antoine, votre Confesseur, réjouisse votre Eglise, en lui obtenant toujours de nouvelles faveurs spirituelles et enfin la jouissance des joies éternelles, Par Jésus-Christ Notre-Seigneur. Ainsi soit-il.

ANTIENNE

A Notre Dame de Bon Secours

Dont la Chapelle antique est dans la même Grotte.

—

Nous nous réfugions sous votre puissant patronage, ô sainte Mère de Dieu ; ne dédaignez pas les prières que nous vous adressons dans nos besoins , et veuillez nous secourir toujours dans les dangers qui nous menacent, ô Vierge glorieuse et bénie.

Ou bien :

Très-sainte Marie , daignez secourir les malheureux, encourager les timides, compatir aux affligés , prier pour votre peuple, intercéder en faveur du Clergé, et protéger les personnes dévotes ; que tous ceux qui implorent votre protection éprouvent les effets de votre puissante assistance.

ỳ. Priez pour nous sainte Mère de Dieu.

℟. Afin que nous devenions dignes des promesses de Notre Seigneur Jésus-Christ.

ORAISON.

Accordez à vos serviteurs , nous vous en supplions, ô Seigneur notre Dieu , de jouir toujours de la santé de l'âme et du corps ; faites que la glorieuse intercession de la Bienheureuse Marie toujours Vierge, les délivre de toute tristesse présente , et les fasse entrer dans la joie éternelle, par Notre Seigneur Jésus-Christ.

Ainsi soit-il.

—

APPROBATION

DE MONSEIGNEUR L'ÉVÊQUE DE TULLE.

« Nous permettons la réimpression de ces *Litanies*, et nous accordons QUARANTE JOURS D'INDULGENCE à tout fidèle qui les récitera. »

Tulle, 16 juillet 1875.

† J.-B.-P. LÉONARD, évêque de Tulle.

N. B. Les litanies ci-dessus sont pour la récitation privée.

DÉVOTION DES NEUF MARDIS

EN L'HONNEUR DE

SAINT ANTOINE

—◦◦◦—

Courtes Méditations pour chaque Mardi (1).

—◦◦◦—

(1) Ces Méditations ont été extraites presque littéralement des œuvres de Saint Antoine par un Religieux Franciscain.

LA SAINTE NEUVAINE

OU LA DÉVOTION DES NEUF MARDIS

EN L'HONNEUR DU *SANTO BENEDETTO.*

———〜〜〜〜〜〜〜〜———

Le bienheureux Antoine qui portait gravée dans son cœur la Passion du Sauveur et la méditait sans cesse, eut la consolation de mourir un vendredi. A cause de certaines discussions soulevées au moment de sa sépulture, il ne fut inhumé que le cinquième jour après son décès, c'est-à-dire le mardi, 17 juin 1231. Dès que les précieux restes de l'apôtre eurent été déposés dans l'église de Sainte-Marie, on y vit accourir une foule de malades, qui imploraient la protection d'Antoine, et qui recóuvraient subitement la santé par le simple attouchement de l'*Arche* où était renfermée sa dépouille terrestre.

Ce jour mémorable, ce jour de merveilles ne pouvait s'oublier. Aussi choisissait-on de préférence le *mardi,* pour aller prier au tombeau du Saint, et y solliciter quelque faveur. C'était une croyance générale à Padoue, qu'on obtenait tout ce qu'on demandait en ce jour.

Cette dévotion prit un accroissement surprenant en 1617, et voici à quelle occasion : une noble dame de Bologne, réclamait, avec instance, une grâce considérable, par l'intercession de Saint Antoine. Une nuit, elle vit en songe, le bienheureux qui lui dit ces paroles : « Visitez, pendant neuf *mardis,* mon image, dans l'église de Saint-François et vous serez exaucée. » La pieuse femme s'empressa d'accomplir cette prescription, et elle reçut ce qu'elle désirait si ardemment.

Ce miracle fut bientôt connu et donna naissance à la *prière* des neuf mardis. Cette pratique se propagea tellement, quelle se trouve maintenant répandue dans toute l'Italie et dans beaucoup d'autres contrées du monde catholique.

Le fidèle qui désire recourir à ce moyen, pour honorer le Saint, et en obtenir quelque grâce, devra, chaque mardi, se confesser, communier et entendre une messe à l'autel dédié au Bienheureux et où est placée son image. Il pourra dire les prières qu'il voudra ; mais on recommande l'antienne *Si quæris miracula, si vous voulez des miracles,* ou bien treize *Pater,* treize *Ave,* et treize *Gloria Patri,* en l'honneur de Saint Antoine. De plus, il faut allumer un cierge, durant l'accomplissement de ces dévotions. Un malade qui ne pourrait se rendre à l'église, chargera quelqu'un de le remplacer ; et s'il ne trouve personne, il suffira qu'il récite dévotement ses prières devant l'image de Saint-Antoine. Les âmes pieuses sont engagées à méditer, chaque mardi, sur une des vertus du Saint, en suivant l'ordre dans lequel nous allons les indiquer. [1]

---

[1] M. l'abbé Guyard, vicaire général de Montauban. Dévotion à Saint Antoine de Padoue. Page 105 et suivantes.

NEUVAINE A SAINT ANTOINE DE PADOUE

—

Premier jour.

SUR LA GRACE.

—

Hanc amavi, et exquisivi
à juventute meâ.

Livre de la sagesse.

Il faut mettre à profit dès la jeunesse, les premières grâces ; elles sont le prélude de grâces plus grandes et plus précieuses.

« La grâce divine opère trois merveilles en nous : 1° elle nous illumine et nous amène à la connaissance de Dieu ; en nous illuminant elle embaume le cœur comme d'un doux parfum, et donne un attrait plein de suavité pour la dévotion.

2° Elle est le principe de la perfection ; nous ne pouvons rien sans elle, elle seule féconde nos œuvres comme le soleil féconde la terre.

3° Elle augmente les mérites et enrichit notre couronne. N'est-ce pas à la grâce que le cœur doit sa fidélité, l'intelligence la sincérité, et la volonté la fermeté ? » (Jour des Cendres.)

L'âme est toujours appesantie par le corps ; la grâce l'allége, et la délivrant de ses entraves, elle lui aide à mériter la gloire. (Dom. 11.)

Saint Antoine docile aux douces impulsions du ciel et aux bons exemples de ses parents ne voulait pas, (encore tout petit enfant) , se mêler aux enfants de son âge, qui, trop souvent, se laissent envahir par les mauvaises habitudes ; il préférait la solitude et la prière, il trouvait ses délices aux pieds des autels.

ORAISON.

Grand Saint qui, par votre correspondance aux grâces d'en haut, avez mérité, dès votre jeune âge, les complaisances du Dieu des munificences, obtenez-nous le courage de mettre Dieu au commencement de toutes nos œuvres, afin que bénites à leur commencement, elles se continuent à l'admiration des anges et méritent, un jour, la couronne de gloire. A. S. I.

PRIÈRE

Si vous demandez des miracles, page 276.
Notre père, Je vous salue, etc.

Deuxième jour.

—

Tollite jugum meum super vos.

S. Mathieu.

Nous devons accepter le joug de Dieu dans quelque condition qu'il l'impose.

« Le joug est placé sur la tête des bœufs pour le travail, et les lie l'un à l'autre ; le joug Divin est placé sur notre tête, *super vos*, et nous lie à Jésus-Christ et à notre prochain. »

« Ce joug de la vie divine est très-doux, mais il est troublé par l'immixtion des éléments terrestres ; » c'est pourquoi « le Seigneur Notre Père nous gratifie d'un don parfait ; il nous donne son Fils. Ce Fils justifie toutes les créatures et les amène à leur fin, » (Dom. IV Pasch.) pourvu qu'elles y consentent. « Servez donc Dieu dans un renouvellement de votre vie. Chantez, est-il écrit, chantez un cantique nouveau , c'est-à-dire, rejetez les souillures et conservez avec honneur les nouvelles touches du Ciel. (Dom. IV Pasch.) « Le Seigneur me dit : « tu connaîtras que tu es un vrai serviteur si tu penses aux choses saintes, si tu parles de Dieu et si tu fais le bien : *si sancta cogitas, loqueris et operaris.* »

Au premier appel de Dieu Saint Antoine brise avec le

monde et se retire dans un monastère. Un second appel se fait entendre, il brise aussitôt ses nouveaux liens et revêt l'habit plus austère de Frère Mineur; il s'en va au Maroc à la recherche du martyre; il échoue en Sicile; quelques jours après, il entend la voix de Dieu qui l'appelle en Italie, et il part. Là, il se cache humblement dans un couvent pauvre et inconnu, ne songeant qu'à prier, souffrir et aimer.

O Saint Antoine, qui avez porté si admirablement le joug des volontés de Dieu dans les perplexités de la vie, obtenez-nous de vivre dociles aux lois du Seigneur, de le servir partout avec humilité et ferveur, afin que nous soyons dignes de la couronne de gloire qui nous attend au Ciel. A. S. I.

PRIÈRE

Si vous demandez des mirables, page 276.

Notre père, Je vous salue, etc.

Troisième jour.

—

Exaltavit humiles.
Dieu élève les humbles.
Magnificat.

SUR L'HUMILITÉ.

—

« L'humilité est comme une fleur ; elle porte en elle trois qualités : l'éclat de la couleur, la suavité du parfum et l'espérance de bons fruits.

Elle donne de l'éclat à la vertu, et elle a l'avantage de l'estime de tous, selon cette parole : « *flores mei fructus honoris et honestatis. Mes fleurs sont des fruits de gloire et d'abondance.* »

Tant que la fleur donne son parfum, elle ne se flétrit point ; de même le vrai humble ne s'exalte point de l'affection et de l'estime qu'il attire sur lui, de peur de perdre la vie et de laisser se flétrir les vertus qu'il possède.

« La fleur attend son fruit ; le fruit de l'humilité viendra de la fécondité du jardin céleste ; ce fruit grandira avec Jésus, vivra de sa vie et sera couronné avec lui. » (Dom. 1 Epiph.)

La gloire mondaine est un tableau trompeur, une peinture sophistique *(pictura sophistica)*; elle est peu en réalité. (Feria IV Quadr).

Notre gloire est de nous humilier devant Dieu, car Dieu, alors, prend soin de nous exalter. Le pauvre publicain se jugeait indigne d'entrer dans le temple ; au contraire le pharisien orgueilleux se plaçait devant le sanctuaire, il a été brisé comme une branche sèche, tandis que le publicain, semblable à l'olivier sauvage qui est greffé, a été rempli de l'élément divin. Il n'osait lever les yeux vers le ciel, mais Dieu le regardait ; il se frappait la poitrine et Dieu effaçait ses taches. (Dom. XIII Trin.)

« L'âme qui s'humilie revêt les couleurs dont parle l'Ecriture : *Posteriora dorsi ejus in pallore auri* ; c'est-à-dire qu'elle abonde en richesses spirituelles. La pâleur est l'affliction de l'âme, et le rouge, éclatant comme une pierre précieuse, représente la contrition intérieure. (Dom. XVII Trinitatis.) C'est pourquoi « l'humilité est la gardienne des vertus, comme un ami est le gardien de son ami ; en sorte que celui qui la possède conserve son âme et empêche qu'elle ne fuie ; rien de fugace comme un cœur dominé par l'imagination et l'amour propre.

Saint Antoine né de parents nobles et illustres, doué des plus belles facultés de l'esprit, s'efforça de cacher tous ces avantages aux yeux des hommes, il se les voilait à lui-même, ne sachant qu'accuser son indigence ; au milieu des prodiges qu'il accomplissait, il voyait encore en lui un pécheur.

O modèle d'humilité, obtenez-nous de pratiquer cette difficile vertu, afin que nous tenant dans l'abaissement que nous méritent nos péchés, nous trouvions grâce auprès du souverain Juge. A. S. I.

PRIÈRE.

Si vous demandez des miracles. page 276.
Notre père, Je vous salue, etc.

Quatrième jour.

—

Si spiritu facta carnis mortificaveritis, vivetis.
Si vous faites mourir par l'esprit les œuvres de la
chair, vous vivrez...

St-Paul aux Romains.

Le salut est dans le sang et les larmes.

—

« La chair lutte contre l'esprit, elle est le foyer des délectations ; or la pénitence fait taire les prétentions de la chair et éteint le foyer des concupiscences ; qu'elle soit donc pleine de souffrances, qu'elle soit à elle-même l'instrument de sa douleur, et l'esprit vivra, car il est dit : « *Si Spiritu facta carnis mortificaveritis, vivetis.* » (Sab. in Quad.)

« Le pécheur s'est défiguré devant Dieu, car le péché est une lèpre hideuse aux yeux du Seigneur ; pour nous, par la perte de la grâce, c'est la mort. » (Dom. 1 Quad.)

« La pénitence est la reconstruction du temple de l'Esprit-Saint. Le péché a ruiné ce temple et l'a renversé ; la pénitence le relève, purifie le cœur des souillures qui le déparent et le rend à Jésus-Christ qui doit seul y habiter. » (Fer. IV Quad.)

« Ezéchiel n'a-t-il pas dit : le signe Thau est sur le

front des hommes qui pleurent et gémissent, c'est-à-dire, qui portent sur le front le signe de la passion de Jésus-Christ. » (Dom. Nativ.)

Sans doute « la pénitence est amère et âpre, mais elle préserve de la corruption du péché, et met à l'abri des jugements de Dieu. (Dom. III Quad.)

« La myrrhe est amère, mais elle préserve de la corruption ; la pénitence est comparée à la myrrhe, « pécheur je prendrai un bouquet de myrrhe à la main » pour me présenter devant Dieu.

La pénitence doit être volontaire ; malheur à celui qui attend que Dieu le frappe. (Fer. II Quad.)

Au reste, nous avons beau faire, « la pénitence sera toujours faible eu égard aux péchés commis et aux tourments mérités ; elle sera faible si vous la comparez à ce que vous supportez pour le monde et aux récompenses qui vous attendent ». (Dom. I Quad.) « La pénitence n'est que pour le temps présent, *de torrente in via bibet* ; ce torrent des tribulations inonde pendant l'hiver, c'est-à-dire, pendant la vie présente, mais à l'été, c'est-à-dire au Ciel, il sera desséché. » (Fer. II Pass.)

Ainsi, après avoir semé dans les larmes, le pénitent recueillera dans la joie.

Saint Antoine se livra à toutes les austérités que lui

inspirait son ardent amour pour Jésus crucifié. Il mortifia l'homme de chair pour faire vivre l'homme spirituel ; la nourriture indispensable pour se soutenir à la vie lui suffisait. Il passait ses nuits en prières, et consacrait ses jours aux pénibles fonctions du ministère sacré. Il ouvrait ses mains pleines de mérites sur les foules, et faisait descendre continuellement des grâces de miséricorde sur les pécheurs. Comment n'aurait-il pas produit les fruits les plus heureux de conversion ?

Saint Antoine modèle de pénitence, qui avez soumis votre chair innocente aux rigueurs de la pénitence la plus sévère, obtenez nous de dompter notre nature rebelle, afin que par une vie souffrante et chrétienne, nous attirions sur nous le regard du Dieu des miséricordes, nous accroissions nos mérites et nous soyons admis à l'héritage éternel.   A. S. I.

PRIÈRE.

Si vous demandez des miracles, page 276.

Notre père, Je vous salue, etc.

Cinquième jour.

Hæc est volontas dei sanctificatio vestra.
La volonté de Dieu est que vous soyez Saints.

St-Paul-aux-Thess.

Que celui qui a besoin de sagesse la demande à Dieu et Dieu la lui donnera abondamment. Le bienheureux Antoine comprit cela, il la demanda au ciel et il la reçut. Dieu lui donna la sagesse des anciens, c'est-à-dire, des Anges, pour le parfait accomplissement de son ministère. Il est vraiment un sage ministre celui qui comprend la volonté de son Dieu avec prudence, l'exécute fidèlement et s'efforce de l'apaiser quand il est irrité.

Il eut la sagesse des patriarches. Le voyageur habile connait toutes les grandes voies et les petits sentiers. Jésus-Christ n'avait point paru encore et n'avait pas montré les voies que nous aurions à suivre, et cependant les patriarches surent tout quitter et prendre le chemin de l'éternelle patrie. Saint Antoine fit quelque chose de semblable ; il quitta le monde, puis un Ordre où ses affections étaient très-profondes, et suivit courageusement des voies plus étroites.

Il eut la sagesse des prophètes, car il éclaira l'avenir en plusieurs circonstances. Il eut la sagesse des apôtres puisque comme eux il abandonna tout pour suivre Jésus-Christ. (S. Bonaventure).

Les Saints, bien qu'ils n'aient contre eux aucune condamnation, boivent cependant le calice de la tristesse de ce siècle ; ils boivent l'amertume du cœur et la douleur du corps. (Dom. III Pasch).

Au reste plus une fleur est broyée plus elle donne de parfum, ainsi en est-il de l'âme sainte. Les grains se multiplient en mourant, les Saints multiplient leurs mérites en mourant à la vie animale. La chair anéantie par la mortification laisse l'âme, libre d'entraves, s'élever vers le ciel. (Dom. in Palm.)

Les Saints sont des astres que Dieu tient sous les voiles de sa direction mystérieuse ; il ne les laisse point briller selon les désirs de leur volonté propre : mais au moment que sa providence a fixé, ils sortent des ombres de leur secrète contemplation, se donnent tout entiers aux travaux extérieurs et produisent des fruits merveilleux de salut.

O Antoine modèle des vertus, qui avez marché à pas de géant dans les voies les plus difficiles de la perfection, aidez-nous par votre intercession puissante à marcher généreusement dans la voie des commandements de Dieu, afin que par notre obéissance et la pureté de notre cœur nous arrivions au repos de la patrie éternelle. A. S. I.

—

PRIERE.

—

Si vous demandez, etc. page 276.

Notre Père, je vous salue, etc.

Sixième jour.

—

Scientiam Dei invenies
Vous trouverez la science de Dieu
Prov.

SCIENCE DE DIEU.

—

« L'ambition du pouvoir chassa les anges des hiérarchies célestes, l'envie de la gloire fit perdre à l'homme l'immortalité, la frénésie de la science humaine a été une cause de ruine pour un grand nombre. Voulez-vous la vraie science? dit Saint-Grégoire , « n'ayez aucun attrait pour le monde, ne désirez rien du prochain, ne vous troublez pas pour conserver ce que vous avez, méprisez les appréciations des hommes, aimez l'opprobre pour l'amour de Jésus-Christ. (*in cœnâ Dom.*) « Toute science qui ne vise que le lucre ou la gloire des hommes est un chant vieilli, le chant de Babylone. La science des choses célestes est le cantique nouveau résonnant mélodieusement à l'oreille de Dieu et renouvelant notre âme. » (Dom. II Pasch).

« Le juste voit à sa gauche la ville de Sephet, c'est-à-dire qu'il contemple avec peine la mauvaise philosophie, la beauté littéraire trop humaine, et s'en éloigne avec mépris. » (Dom. II Pasch).

La science de Dieu se trouve dans la méditation, car « la méditation est la mère de la science, et la solitude est le moyen indispensable de la méditation ; il est écrit : « Il s'assiéra solitaire et se taira, parce qu'il s'est élevé au-dessus de lui-même. » *sedebit solitarius et tacebit quia levavit se super se.* (Tren. III) Le prince des philosophes disait aussi : « celui qui s'assied et se recueille acquiert un esprit clairvoyant et un cœur prudent. » Vous la trouverez cette science, par la grâce de Dieu, dans le recueillement : Le Sauveur fut lui-même conduit dans le désert pour l'obtenir. *pro gratiâ impetrandâ* (Dom. I Quad.)

Les souverains pontifes appelèrent Saint Antoine l'*Arche du Testament, l'arsenal des Saintes-Ecritures, la Lumière de l'Italie, le Père de la science.* Méditer les Saintes-Ecritures , passer de longues heures dans la contemplation étaient ses plus chères délices. Il aimait à se retirer dans un antre de rocher un peu distant de Brive, (*aujourd'hui Sanctuaire de Saint Antoine*), afin de n'être distrait par aucun bruit de la terre. Là son âme s'abandonnait à la contemplation des choses de Dieu, se nourrissait avec suavité de la manne substantielle des saints livres, et se remplissait de la science merveilleuse dont il se servit pour s'élever aux plus sublimes vertus et éclairer le monde.

ORAISON.

O Saint Antoine illuminateur des âmes, faites descendre en nous, par votre intercession puissante, quelques rayons de la pure lumière qui est le Verbe, afin que éclairés sur nos voies, nous marchions sur vos pas à l'acquisition des vertus et à la possession de la lumière éternelle. A. S. I.

PRIÈRE.

Si vous demandez des miracles, page 276.
Notre Père, Je vous salue, etc.

Septième jour.

—

Exultabit lingua mea justitiam tuam.
Ma langue proclamera les Justices de Dieu.
PSALM.

—

« La langue produit un double son : un son qui réjouit le ciel, et un son qui remplit les échos de l'enfer. Comme le figuier fécond en fruits elle est féconde en paroles. Mais le figuier doit donner de bons fruits, sinon on le coupe et on le jette au feu. Que serait-ce si ses fruits étaient empoisonnés ? (D. XXIII Trin.).

» La langue a été donnée à l'homme pour une double fin : pour discerner le goût dans les aliments et pour parler. La langue du chrétien doit servir à l'aveu de ses faiblesses et à l'action de grâces. » (Dom. II. Pent.).

La langue du juste chante les gloires de Dieu et raconte ses miséricordes à toutes les créatures. « La langue s'élève contre le pécheur quand il est loin de Dieu et son ennemi, mais elle ne parle que pour guérir, adoucir et cicatriser les plaies de son cœur. Quand le pauvre Lazare était assis à la porte du riche, les chiens venaient et léchaient ses plaies, lingebant ulcera ejus. » (I. Trin.) Que votre bouche ne soit donc jamais ouverte que pour louer Dieu, bénir les hommes et les convoquer à la pratique du bien.

Trente-deux années après la mort de Saint Antoine, on voulut procéder à la translation de ses restes. Quand on ouvrit son cercueil, le corps était tombé en cendre, mais la langue était fraîche, vermeille comme celle d'un homme vivant. Saint Bonaventure, alors général de l'Ordre, témoin de ce prodige de conservation, prit cette langue dans ses mains, la couvrit de ses baisers, l'arrosa de ses larmes en disant : « O langue bénite qui sans cesse avez chanté le Seigneur et l'avez fait bénir autour de vous, nous voyons aujourd'hui combien vous êtes précieuse et combien vous avez acquis de mérite devant Dieu. » Il la vénéra de nouveau et la fit placer dans un beau reliquaire. On la voit encore dans la basilique de Padoue.

ORAISON

Obtenez-nous, glorieux Saint Antoine, de faire vivre en nous Jésus-Christ notre Sauveur, de placer à tout instant son nom sur nos lèvres, de l'exalter au milieu des âmes justes, de le proclamer courageusement devant les impies, afin que l'ayant loué dignement sur la terre, il nous soit donné de le chanter, un jour, dans le ciel. A. S. I.

PRIÈRE.

Si vous demandez des miracles, page 276.
Notre Père, Je vous salue, etc.

Huitième jour.

—

Aspice cælum.

MA PENSÉE EST AU CIEL.

—

« Les saints qui volontiers se soumettent à la soif, à la faim, au froid, à la chaleur, etc., verront un jour ces liens de souffrances tomber d'eux-mêmes ; le Seigneur les déliera et ils chanteront : *Dirupisti Domine vincula mea.* » Leur cœur était comme une terre inculte ; par la grâce, elle est devenue une terre de délices ; *terra illa inculta facta est in hortum voluptatis;* »

« Dans le paradis terrestre il y avait des fleurs et des fruits. Jésus fait ses délices de nos cœurs ; quand il peut y entrer, il y fait des merveilles. Il agit comme à son entrée dans le monde : sa divinité se voile, sa grandeur s'incline, son immensité se rapetisse; pourquoi cela? pour exalter notre indigence. Ce n'est encore qu'une ébauche de ce qu'il veut faire au ciel. Il nous transforme mystérieusement en attendant qu'il nous illumine des irradiations de sa propre gloire. » (Feria. III in Quad.)

La terre est un exil, un lieu d'amertume et de périls ;
le ciel au contraire est le séjour de la joie, de la paix
et de la sérénité. *Sedebit populus meus in pulchritu-
dine pacis.* Le juste en mourant a six motifs de joie.
1° Il jouit de la douce société des anges. 2° Il est heureux de la gloire dont il est environné. 3° Il a l'assu-
rance de ressusciter avec les saints. 4° Il verra de ses
yeux l'humanité sacrée du Verbe avec laquelle il est uni
par la grâce, et il l'appellera : *mon frère* 5° Il con-
naitra le mystère de la Sainte Trinité. 6° Il aura la
certitude de ne jamais perdre son bonheur. C'est vraiment une couronne d'honneur que Dieu place sur sa
tête. » (*In Trin.*)

Puisque telle est ma destinée, comment ne penserais-
je pas au ciel !

Les journées étaient pénibles pour Saint Antoine,
les nuits étaient longues, comme le sont toujours les
jours et les nuits pour ceux qui souffrent. Il regardait
le ciel et cette pensée le reposait et le dédommageait.
Toute pensée terrestre, les joies comme les tristesses,
tout s'évanouit quand on contemple le ciel. *Non sunt
condignæ passiones hujus temporis...*

ORAISON.

O Saint Antoine, Jésus-Christ notre Sauveur s'est em-
paré de votre cœur des votre enfance ; vous le lui avez
conservé fidèlement toute votre vie ; il y a trouvé ses

plus chères délices : comme dans un jardin fermé, il y a fait naître des fleurs odorantes et des fruits délicieux qui durent dans la vie éternelle ; obtenez-nous les lumières et la force pour vivre fidèlement ici-bas, mourir de la mort des justes et régner éternellement avec les saints dans le ciel.

PRIÈRE.

Si vous demandez des miracles, page 276.
Notre Père, Je vous salue, etc.

Neuvième jour.

—

Ecce Mater tua.

Enfant, voici ta mère.

Dévotion à la Très-Sainte Vierge Marie.

—

La dévotion envers la T. S. Vierge a toujours été regardée comme un signe de prédestination ; aussi bien tous les Saints, et dans tous les temps, ont-ils été remarquables par leur tendre piété envers leur mère du Ciel. Elle est en effet si légitime cette dévotion fondée sur la dignité de Marie comme *Mère de Dieu*, sur la suréminente Sainteté de sa vie et sur sa sublime élévation dans la gloire !

A cette triple autorité sur laquelle se basait leur dévotion, les Saints ont répondu par un triple culte de respect, d'amour et de confiance. Respect envers une simple créature fille bien aimée du Père Eternel, Mère et Sanctuaire du Verbe dans le temps, épouse du Saint Esprit, choisie parmi toutes les filles des enfants des hommes. Amour envers cette créature prédestinée qui ornée de toutes les grâces resta toujours fidèle, vécut d'une vie suréminemment Sainte, et mérita d'être appelée le *miroir* de Justice, dans lequel resplendissait la Justice éternelle elle-même, notre Seigneur Jésus-Christ.

Aussi bien qu'elle confiance n'avaient-ils pas en Marie qui fut donnée pour mère à tous les chrétiens par N. S. Jésus-Christ. Elevée, après sa mort, (car elle dut mourir comme son divin fils) au-dessus de tous les Thrones et les Dominations, elle ne voit que Dieu au-dessus d'elle, et au-dessous d'elle tout ce qui n'est pas Dieu. *cunctis superior existis*, lui dit l'église.

O bienheureux Antoine, vous qui avez professé pendant votre vie une si filiale tendresse envers la très Sainte Vierge, obtenez-nous par votre puissante intercession, une tendre dévotion envers cette bonne mère. Nous savons les privilèges ineffables dont elle vous a favorisé pendant votre vie mortelle, nous n'avons pas oublié les visites dont elle vous a consolé si souvent en déposant sur vos bras et sur votre cœur Jésus le fruit béni de ses entrailles ; votre grotte, près de Brive, nous rappelle continuellement l'assistance particulière que cette Reine du ciel et de la terre vous apporta ; obtenez nous de ne jamais séparer dans nos affections et notre vie la

Mère du Fils, afin que par la Souveraine nous puissions arriver au Souverain Roi, Notre Seigneur Jésus-Christ. A. S. I.

PRIÈRE.

Si vous demandez des miracles, page 276.
Notre Père, Je vous salue, etc.

FIN DE LA NEUVAINE.

ERRATUM.

Page 255, au lieu de *Note*, lisez *Notes*.

TABLE

Des matières contenues dans ce volume.

Vie de Saint Antoine.

Essai Historique

SUR LE

PÈLERINAGE DE SAINT ANTOINE

BRIVE.

—

—

Dévotion.

—

FIN.